心理学
与社交技巧

Psychology and social skills

阳知行 ◎ 编著

中国商业出版社

图书在版编目（CIP）数据

心理学与社交技巧/阳知行编著. —北京：中国商业出版社，2018.3
ISBN 978-7-5208-0361-8

Ⅰ.①心… Ⅱ.①阳… Ⅲ.①心理交往—社会心理学—通俗读物 Ⅳ.①C912.11-49

中国版本图书馆 CIP 数据核字（2018）第 102997 号

责任编辑：武文胜

中国商业出版社出版发行
010-63180647　www.c-cbook.com
（100053　北京广安门内报国寺 1 号）
新华书店经销
北京时捷印刷有限公司印刷

★　★　★　★　★

710×1000 毫米　1/16　14 印张　172 千字
2018 年 8 月第 1 版　2018 年 8 月第 1 次印刷
定价：39.80 元

★　★　★　★　★

（如有印刷质量问题可更换）

前言

美国著名作家、商界知名人士查尔斯·哈奈尔说:"我们生活在一个可塑的、深不可测的精神物质海洋之中。"在这个精神物质海洋中,我们每个人都能够感受到一种神奇而强大的力量,它支配我们的行动,时而让我们充满力量,时而又让我们沮丧不已,时而带给我们幸福和快乐,时而让我们备感痛苦与烦恼……这便是操控人类的神奇力量——心理。

对多数人而言,心理可能是一种看不见、摸不着的东西,离自己的生活极为遥远。但实际上,心理和心理现象是每个人每时每刻都在体验着的,也是一个人社交、生存所必需的,一个人只有真正地洞悉自己和他人的心理,才能去规正自己的行为方式,才能将事情做到恰到好处,赢得人心。在很多时候,心理学与社交是密不可分的一个整体,一方面我们的社交行为受心理学的支配,另一方面我们要依靠心理学去洞悉人心,纠正自己的社交行为。所以,我们要想在工作、生活、职场、商场及至恋爱、婚姻中更加游刃有余,成为人见人爱的社交达人,就必须要懂得运用心理学来提升自身的社交素养,强化社交能力。

如何通过完善自我,提升自我的受欢迎度?如何了解他人的个性、洞察他人内心的真实想法？如何运用交际"妙方"，让自己在职场上实现升职加薪的心理诉求？如何才能拥有更多的朋友？在恋爱中，在婚姻中，在家庭中，心理学能为我们提供怎样的启示和帮助呢？

　　为了帮助大家更好地掌握运用心理学知识来指导自己的社交行为，我们特地编写了本书。本书从我们现实中经常遇到和经常关注的实际社交问题出发，从社会、生活、职场、商场、家庭、消费等方面出发，用最贴近生活的通俗语言，运用各种心理学常识阐述了人类行为背后隐藏的行为奥秘，并指导读者如何运用这些心理学去提升自己的社交能力。为了方便那些没有心理学基础的读者，本书还特意将深奥的心理学知识融会贯通于一个个妙趣横生、饱含人生哲理的故事中，形象地分析了行为背后的心理动机，深入浅出地提炼了心理学带给我们的社交启示，以指导我们更好地趋利避害。

　　本书将每个心理问题都分析得透彻、清晰，以帮助我们摆脱假象的迷惑，在错综复杂的人性海洋中找到正确的行事方法，让我们更加游刃有余地融入社会交往，面对各种挑战。读完本书后，你会发现，读懂他人，赢得人心，原来就是这么简单！

目录

第一章　完善自我，为印象"加分"：提升你的受欢迎度

印象的好坏，取决于交流开始前的"半分钟" / 002
焕发出你的"热情"：用正能量去感染他 / 004
迅速赢得对方的好感：呼名不唤姓 / 007
多说"咱们"，让对方感觉你是"自己人" / 009
向对方表达出真诚的"友善"与"兴趣" / 011
制造点"麻烦"，去撬开他人的心理"关卡" / 014
交流话题很关键：找准对方的"兴趣点" / 016
打动人心的诀窍：留心别人的"小需求" / 018
有技巧的赞美，让人心底乐开花 / 020
给对方来一点"意外的惊喜" / 023
来点"幽默"，焕发出你的人际"磁场" / 025

第二章　先了解个性，再对"症"下药：赢得人心的关键

话语中隐藏的"个性特点"，你是否读得懂 / 030

与冷漠的人交往：你要表现出足够的真诚 / 032

与"独断专行"的人相处：尽量满足他的控制欲 / 034

与高冷的强硬者沟通：攻陷他的自尊心 / 036

与"负责认真型"的人交往：要时刻规范你的行为 / 039

对待沉默寡言型的人：要施予足够的"耐心" / 041

与顽固的人谈合作，学会适当晾一晾他 / 044

与急性子者交谈：讲话说关键，别婆婆妈妈 / 046

与博学型的人相处：提升你的专业素养 / 048

与标新立异型的人结交：要对其"个性"给予赞赏 / 050

第三章　洞察心理：先读懂人性，再平衡好人际

对方眼神里的"百样心事"，你能否读懂 / 054

先抓住对方的"心理特点"，再运用语言艺术 / 056

逢物往"贵处说"，逢人往"年轻讲" / 058

人人都想被重视：让对方获得"成就感" / 060

在交谈中，透视对方隐藏的"心理" / 062

从"口头禅"中窥探对方的内在心思 / 065

听懂对方声音中的"弦外之音" / 067

"礼貌"，既能拉近距离也能疏远关系 / 070

妙用"晕轮效应"：爱屋及乌，关心他所关心的人 / 072

开门不要"见山"：找准时机再巧开口 / 074

唠叨，是你人缘恶化的"头号暗礁" / 076

第四章　掌握交际"妙方",升职加薪自然水到渠成

先给上司一个台阶,再谈加薪 / 080

将请求融到"幽默"中,在谈笑间谈加薪 / 082

向上司请示工作,遵循"恰到好处"原则 / 085

指出上司的错误之前,先"赞美"一番 / 087

拒绝上司讲方法:妙用比喻,委婉说"不" / 090

功劳面前要学会说"低头话" / 092

表功有技巧:讨蛋糕时,要让他人闻个香 / 094

忠言也要说得不"逆耳" / 096

巧说"体贴话",表达你对上司的关心 / 098

巧妙应对"干活还受气":让上司明白你的困难 / 100

夸赞上司讲方法:最深入人心的赞美法 / 102

第五章　赢得友情，怎一个"诚"字了得

再好的友谊，也经不起你的过分直白 / 106

与朋友争执，是一场"只输不赢"的比拼 / 108

别过于算计人情：不将朋友欠你的人情挂嘴边 / 111

交义不交财：关系再好的朋友，也要明算账 / 113

多说贴心话，温暖朋友的心 / 116

亲密有"间"：该客气时也须客气 / 119

和朋友开玩笑，要把握好"度" / 121

给朋友留面子：点到为止，别令人难堪 / 124

积极主动，问候的电话要常打 / 127

朋友是用来"麻烦"的：互帮互助，关系才能越来越好 / 129

必要时，拿出"秘密"这张话语王牌 / 133

第六章　张弛有度，赢得谈判不再是难事

想增强你的话语威力：拿准确的数据出来 / 136

对方迫使你让利：那就坐下来，仔细与对方算笔账 / 138

探"底牌"有方法：不留痕迹地摸清对方家底 / 140

用好"最后通牒效应"，迫使对方下决心 / 142

搞定强硬谈判对手有秘诀：转移话题，曲线进攻 / 144

谈判桌上，四个常用的"制胜策略" / 147

巧妙提问，让对方不断回答"是" / 151

褒扬对方，贬抑自己：满足对方的自尊心 / 153

关键时刻，用"幽默"来打破僵局 / 155

软硬兼施：一个唱"红脸"，一个唱"白脸" / 157

第七章　窥探异性的隐秘心绪：与爱人交善的秘诀

恋上内向型的人，试试"诱导"恋爱法 / 162

赢得爱人心：屡试不爽的"欲擒故纵"法 / 164

用"欲扬先抑"法激发对方的爱意 / 166

恋爱中的"高原效应"：爱情终会归于平淡 / 169

妙用"淬火效应"：吵架也要吵出甜蜜来 / 171

用崇拜和赞美成全男人的"英雄情结" / 173

来点"俏皮话"，让爱情甜如蜜 / 175

将你的"建议"裹在"疼爱"中 / 177

有技巧地"吃醋"，增强彼此的感情 / 179

拒绝也要讲方法：不伤人感情的拒绝技巧 / 182

第八章　把握主动，社交场上必用到的心理学定理

飞去来器效应：强行的说服，只会适得其反 / 186

自我暴露定律：敞开心扉，更容易赢得友谊 / 188

示弱效应：真正的社交能手更懂得示弱 / 191

互悦机制：要想让人喜欢你，首先去喜欢别人 / 194

多看效应：见面长，不如"常见面" / 196

视网膜效应：懂得欣赏自己的人，才能欣赏别人 / 198

互惠关系定律：善待别人，你也会获得别人的善待 / 201

登门槛效应：先"得寸"，再"进尺" / 203

留面子效应："以退为进"更奏效 / 205

海格力斯效应："以德报怨"总好过"冤冤相报" / 207

第一章
完善自我,为印象"加分":提升你的受欢迎度

交际心理学中有一种现象叫"首因效应",讲的就是一个人交际的成功与否,往往取决于他第一次与对方见面时,在对方心目中留下的印象。并且这种印象会在人心中留下牢固的烙印。所以,要获得交际的成功,提升你的受欢迎度,首先要完善自我,为给人留下美好的第一印象"加分"。

现实生活中,交友相亲或竞选应聘以及聚会之时,要想给人留下好的印象,实际上就要让人看到自己一些美好的道德品质,或者是看到自己一些出色的才能技术。如果能以自己出色的口才,带给别人深刻的好感,那么在以后的交往之中,他人往往就会以好的态度来看待你的一切,让你的交际顺利通达,让你的人生道路更为顺畅。

印象的好坏，取决于交流开始前的"半分钟"

"让别人喜欢上我，可是分分钟的事！"

"不就是让人产生好感吗，看我吧，一分钟就能搞定！"

……

生活中，一些自命不凡的人总是会这样夸耀自己。分分钟，一分钟就能搞定，时间显得有些长。从心理层面上讲，能否给人留下好印象，让别人对自己产生好感，只是半分钟的事。也就是说，与人初次见面，能否获得对方的认同感和信赖感，只取决于交流开始前的半分钟。

在日常交际中，其实很少有人知道，人与人之间的交流，在他们还未开口谈话之前就开始了。人与人之间最起初的交往，是从印象、眼神和肢体语言开始的。这也意味着，面对这关键的半分钟，你要把一切能让人在瞬间对你产生好感的身体语言做到位：准时、目不斜视、展露微笑。对此，我们分别来说明：

第一，守时，并尽可能做到早到。如果你真的很重视与对方的洽谈或交涉，那么初次与对方见面，一定要守时，并尽可能做到早到。

一个比自己先到约会地点的人，一般人都不会讨厌，这既是对对方的一种尊重，也是在告诉对方：我比你早到，说明我比你更重视这次合作或洽谈。反过来，这也让对方在无形中产生一种心理压力：他/她确实比我早到，真的不好意思。接下来，他/她为了弥补自己内心的愧疚，便容易在洽谈中做出让步，或者很容易答应对方的请求。

第二，眼神要坚定，视线要尽量直视对方。心理学家指出，人与人直视时，谁的视线先移开，说明其内心并非集中在与你的对话上。如果与陌生人见面，你的目光先移开，表明你对对方产生了怀疑甚至不信任感。这会让对方马上感到一种心理上的压迫感，进而会想"他是不是对我已经产生不信任感了，对我的话是不是不感兴趣了？"要知道，每个人都喜欢同那些能"认同"自己的人交谈，你首先移开的视线，会让对方对你的印象大打折扣。

1984年，美国当时的总统罗纳德·里根和他的竞选对手沃尔特·蒙代尔开展竞选大战。这个时候，心理学家们做了一个有趣的试验。

在大选前的八天里，心理学家用录像机录下了三天之内有关选举的电视新闻，其中包括美国广播公司（ABC）、全国广播公司（NBC）、哥伦比亚广播公司（CBS）这三家电视台的选举新闻。

然后，他们关掉声音，再把这些片段播放给一组随机挑选出的人观看，并要求这些人评判每一位播音员的眼神。这些接受试验的人，根本不知道试验的目的是什么，也不清楚播音员说些什么，他们只是按规定给播音员的眼神打分，低分表示"极为消极"，高分表示"极为积极"。

试验结果显示，美国广播公司的播音员，在播报蒙代尔的竞选消息时，他的眼神显得消积、昏暗、毫无光彩，得分很低，显得很消极；而在播报里根的竞选消息时，他的眼神几乎是坚定、飞扬而自信的。而另外两个电视台，全国广播公司和哥伦比亚广播公司，播音员在播报竞选新闻时，针对不同的竞选人，他们的眼神没有明显的差别。

接着，心理学家们发现了有趣的现象，也就是在美国广播公司观众中间，给里根投票的人数，远远超出了哥伦比亚广播公司和全国广播公司观众中给里根投票的人数。

这个案例说明，播音员虽然不能直接表达自己对竞选人的看法，但他的眼神，却能影响别人。在美国广播公司播报里根的相关新闻时，由于播音员的眼神显得积极、有力量，不由得感染了大家，从而带动了大家给里根投票。

用积极的姿态，敞开你的心灵。向对方"敞开心灵"实际上是一种"内功"，要成功地做到这一点，首先必须拥有正确的积极态度。

首先，你要自信、肯定自己，但不能狂妄、过分。其次，你要敞开自己的心扉，愿意让别人看到真实的自己，用外向、开放的态度和别人交流。这时，你一定要注意：不要用手或胳膊遮挡心脏所在部位，这样会潜意识地表明："我的心是秘密的，它只属于我自己。"这种身体语言，容易让他人产生距离感。另外，如果有可能，你还可以试着解开大衣最上面的扣子，因为这是一种"开放"的表示。最后，微笑。在交际场合，尤其是陌生的交际场合，微笑显得极为重要。初次见面，你的微笑一定要真诚，让人感到心安。千万不要皮笑肉不笑，让人对你产生疑虑。一般来说，你的笑容一定是从内心发出来的，笑是敞亮的、通透的，是光明磊落的，不让人在心理上产生负累感。如此这般，你便可以赢得他人的好感。

在与人交流前的半分钟内，只要做到这几点，就可以建立起你在别人心中的良好印象了。很多时候，恰恰就是这半分钟，你对他人产生的印象，会影响他一生对你的看法。

焕发出你的"热情"：用正能量去感染他

美国著名的心理学家本杰明·布鲁姆在他的著作中说过这样一句话：一个人吸引别人最关键的无非就一点，那就是热情、热情、再热情！这样的人有过人的能量，会不断地将光和热"辐射"给别人，像散发着吸引力的磁石一般。这告诉我们，在交际中，要赢得好感，提升你的受欢迎度，最为重要的一点，就是要做到"热情"，这是一种强大的正能量感染力。

从心理学的角度分析，热情是一种生命力的体现，一个旺盛的生命可以感染一个衰败的生命，充满热情地说话，可以让一个平静的人内心翻腾；反之，如果一个具有强劲生命力的人，见到一个人无精打采地在自己面前说话，往往难以听下去。所以疯狂英语的李阳在演讲的时候，总是以他强烈的生命力去影响每一个听众，让他们像自己一样对英语进行藐视，从而树立对英语学习的信心。另外，就是平时的人说话总是平平淡淡而毫无热情，一般人在陌生人面前说话更是谨小慎微，丝毫不敢进行自我表现，所以一个说话充满激情的人就会让人显得非常意外，从而对他刮目相看。

有一位专门研究"说服行为"的心理学家，他经常形容爱德华·托尔曼是正能量十足的人。如果他愿意，他真的能把什么东西都推销出去。那么，爱德华·托尔曼究竟是一个什么样的人呢？

见过爱德华·托尔曼的人都这样形容他："四十来岁，相貌英俊，是个十足的男子汉。"他个头适中，偏瘦，乌黑的头发有点蓬松，留着络腮胡，语速很快，抑扬顿挫。如果给他一匹马和一顶帽子，他看上去就是一个典型的牛仔。

每次与人见面时，他都热情地拥抱对方，如果对方是女性，他会给对方一个亲吻。他天生精力充沛，早上六点钟或者七点钟来上班。晚上九点钟离开办公室。

他经常说："我热爱自己的工作，我是个工作狂。我负责管理大笔资金。我属于那种工作效率比较高的一类人，但是，我从不会告诉客户们这些事情。我来这儿上班不是为了炫耀这点,我是来帮助大家的,因为我喜欢帮助别人。其实我可以不必来上班,因为我经济上完全可以独立。可是我为何还要来这里工作这么长时间呢?因为我喜欢帮助别人,我爱大家。"

他的口头禅是:"我爱自己的客户,你能明白这一点吗?我愿意为他们做出让步。我把客户都视为自己的家人。我告诉客户们,我有两个家庭:我有自己的妻子和孩子们,我也有你们大家。"

几年以前,爱德华·托尔曼一家搬迁到俄勒冈州阿什兰市,因为他看中了一套自己非常喜欢的房子。不过,这房子租金有点贵。于是,他对妻子说:"瞧我的吧,我开的价格会低得令人捧腹。"妻子说:"不可能!人家绝不会接受你的开价。"可是他却说:"大不了就是不接受我的开价,但我们没有任何损失。我不侮辱他们,我只是要告诉他们,我之所以这样做的理由,是我会改变他们的想法。"后来,他们还真的接受了他的开价。

他经常会把这个例子讲给自己的客户。他经常对他们说:"天啊,如果不去尝试,你永远不会成功。"

热情、乐观、积极,是爱德华·托尔曼最大的特点,他经常说:"真是太幸福了。我可能是你所能想象的最富有热情和乐观的人。"

的确,一个精明能干的交际高手,往往都有一种本领:对别人的消极看法,能给予热情、积极、乐观的答复。这样的人,总是像太阳一样散发着光和热,让人们不由自主地想到他的身边去,希望用他的热量来融化人们心中忧郁的阴霾。这样的人,拥有一种强大的感染力,能让见到他的人们乐意赞成他的观点。所以,要想在瞬间提升你的受欢迎度,那就焕发出你的热情吧,它会让你身上拥有一种让人不可抗拒的感染力,这种感染力,会让人不好意思对你说"不"。

那么，在生活中，我们如何才能表现出自己的热情呢？

1. 说话的声音要洪亮，吐字要清晰，可以想象成自己在台上演讲。

2. 要有让别人的心听到自己内心的跳动的愿望和期待，每句话都要从自己的心底发出，而不是随嘴带过。

3. 说话的内容要围绕一个中心，要体现你为了这个中心目标所付出的努力以及你强烈的感受。

迅速赢得对方的好感：呼名不唤姓

美国著名心理学家阿尔伯特·艾利斯指出，名字，是人最重要的一张社会证件。你记住了对方的名字，能对他呼名唤姓，说明你在心中已经完全认可了他这个人，这是对对方最大的尊重。要知道，每个人都是极为重视自己的名字的，科学家常会用自己的名字为自己的发明取名；企业家爱用自己的名字为商品命名。在与自己不太熟悉的人交往时，如果能记住对方的名字并轻松地叫出来，就等于巧妙而有效地给了对方一种"恭维"，让对方能感觉到自己被你重视了，进而会很乐于与你进一步交往。

安娜最近遇到一个名字非常难念的顾客，她叫杰夫玛莉·芙莉迪杰西，别人都记不住她的名字，所以大家通常都称她"玛莉"，而安娜在拜访她之前，特别用心地反复练习了几遍她的名字。

当安娜见到这位女士后，面带微笑地说："早安，芙莉迪杰西女士。"

"玛莉"一时目瞪口呆，过了几分钟，她都没有答话。

最后，她张大嘴巴，热泪盈眶地说："安娜女士，我在这里生活了23年，从来没有一个人用我的真名来称呼我。"当然，从此以后，杰夫玛莉·

芙莉迪杰西便成了安娜的忠实顾客。

安娜用"呼名不唤姓"的方法，打开了客户的心扉，也为自己的产品打开了销路。事实证明，与人见面时，能够记住并叫出对方的名字，不仅是社交场合最基本的礼仪，也是使对方产生良好印象的最好方法，这种本领，在交际场上大有用处。所以，你要想在他人心中赢得好感，就学着记住对方的名字吧，这是不能忽视的"小节"。

当然，"被他人认可和肯定"是人最基本的心理欲求。我们在与不熟悉的人交往时，如果你能够记住对方的名字并轻松地叫出来，不仅仅是对别人的一种尊重和重视，也是一种文明的体现。所以，那些交际达人在与别人交谈时，会在恰当的时候称呼一下对方的名字，这种不经意的行为，会迅速地拉近彼此间的距离，尤其在与不熟悉的人打交道时，很是有效。

保罗·托尔曼与约翰·艾利斯刚入大学时，便都参加了足球协会，两人在登记的时候，仅有一面之缘。但在协会第一次聚会的时候，大家都要进行自我介绍。开朗大方的保罗记住了约翰·艾利斯的名字，马上就笑道："英俊潇洒的约翰是哪个学院的？"

约翰一听，对方不但只称呼自己的名字，还带了一个"英俊潇洒"，感觉就像老友重逢一样，顿时就备感舒服，于是两人就兴致勃勃地谈了起来。

这时候，旁边的一个女生听了，非常奇怪地问道："你们认识啊？"

约翰一听，哈哈一笑，道："对，认识，认识，半个小时之前就认识了。"

后来，保罗与约翰两人经常一起切磋棋艺，而且有什么困难的时候，两人都会相互帮忙，一段时间相处下来，他们成了关系密切的好朋友。

不可否认，素不熟识的两个人在见面后，直接喊对方的名字，会让人有一见如故之感，一下子从素不熟识变得相识已久，这就是只叫名字不叫姓的威力。保罗就是通过见面直接称呼别人名字的方法，获得了约翰的友谊。

很多人不明白，只称呼别人的名字，为什么会有这么好的效果。这是因为，首先，只有关系非常亲密的人才会只称呼名字，一般只有父母亲才这么叫，如果只称名字的话，就会缩短彼此之间的心理距离，让人从"陌生人"或者"普通人"变成"朋友"或"亲人"。其次，就是只称呼一个人的名字，表示彼此的交往已久，会显得彼此关系非同一般。最后，听到别人只称呼自己的名字，让人感觉你在向他示好，表示愿意与他进行深入的交往。所以，每当一个人只称呼你名字的时候，你都不由得内心一震，或者是涌起一股暖流。

当然，在社交场合，你要去称呼别人名字，需要注意以下两点：

1. 当你第一次与人见面，问对方名字的时候，要问别人的全名，如果没有听清楚，那么就让对方再说一遍。如果觉得是不太好记的名字，就问对方的名字到底怎么写，然后默默地记住，以备下一次见面时叫出名字。

2. 需要注意的是，对于异性朋友，最好就不要这么亲昵，除非是在几个非常熟悉的朋友圈里，否则可能引起别人的误会，影响到彼此的生活。

多说"咱们"，让对方感觉你是"自己人"

社交场合，那些备受欢迎的人，开口说话的第一步便是把"我"放入对方的阵营中。在与人交谈时，他们通常会以"咱们"开头，此话一出口，便等于把自己拉入了对方的阵营中，让对方在备感亲切的同时，觉得你就是"自己人"。

杰森到一家食品公司面试销售员的职位，面试官先介绍说："我们公司主要售卖绿色食品的再加工保健品，为了提升产品的销量，所以要招一位能干的，并有能力开拓新市场的销售员。"

杰森接下来便问道："那咱们公司的销售部目前有几个人员呢？我很想了解一下咱们公司的整体情况。"

面试官听杰森这么一说，感觉自己使用的"我们"似乎很不妥帖，于是马上便转口道："咱们公司的销售部目前只有一个销售人员，现在为了把这一块做好，所以就想多招几个人，看了你的简历，觉得你在销售这方面有不错的履历，所以，希望你能加入，咱们一起把这个公司做好。"

杰森问道："我觉得我的能力完全能胜任咱们公司的这个职位，也非常希望能尽快地成为销售部的一员。"

面试官笑着说："说实话，几天来，我接待了几十位应试者，和您是谈得最愉快的。如果你没有其他异议的话，欢迎你下周一来咱们公司上班。"

于是，杰森便成功地获得了这个职位。

不可否认，杰森一口一个"咱们"，给面试官造成了他是公司的一员，与公司是一体的感觉，和他说话仿佛是与公司的老同事说话一样，这给人留下了极好的印象。

从心理学上分析，在与陌生人或不熟识的人谈合作或谈项目时，多用"咱们"可以缩短人与人之间的心理距离，给人一种"自己人"的感觉，让人感觉你和他或者他们是一个集体的，是同呼吸共命运的。同时，"咱们"也能表明你对说话的对方有感情，愿意接受他们，主动与他们融为一体。所以，历史上有许多成功的演讲家善于使用这些简单的技巧，只要他们一开口或者一挥拳，就能够让台下的听众群情激昂。

所以，在与不熟识的人在一起做事的时候，要多说"我们""咱们"等，尽量少说"我"。要很好地掌握这个交际技巧，平时的时候就要从以下几个方面着手：

1. 学会使用"我们"，比如当我和你一起做事的时候，不说"我"和"你"，而直接说"我们"。

2. 尽量要少说"我"，表达意见的时候，不要说"我以为"，尽量说"我们以为"。

3. 当你与对方不是一个集体或者阵营的时候，要说"咱们"，不要说"我们"，因为咱们是明显包括他的，而我们则不一定包括他。

相信只要能够熟练运用"咱们"或者"我们"这个词语，将使你与别人相处得更加融洽和默契，那么快乐与成功也将如影随形。

向对方表达出真诚的"友善"与"兴趣"

奥地利著名心理学家亚佛亚德勒写过一本叫作《人生对你的意识》的书。在书中他说"不对别人感兴趣的人，他一生中的困难最多，对别人的伤害也最大。所有人类的失败，都出自于这种人"。从交际心理学的角度分析，交流不仅是两人思维和语言的碰撞，更是两人情绪或情感的互动，你若对别人表现出积极的、热情的、感兴趣的情绪来，那么，对方便很容易能感受到你的这种"积极能量"，进而也会在内心焕发出对你的友善、好感和兴趣来。如此，交流便能顺畅地进行下去，你便很容易达到你的社交目标。

对此，哈佛人际关系学家曾做过这样的测试：

首先，让参与测试者写下自己所喜欢的人的名字，从最喜欢的人开始依次写在纸上。然后，让受测者将他认为喜欢自己的人的名字，也依照想象中的喜欢程度，依次写在方才记下名字的左边。通过对1000位受测试者的答案分析得出结论：他自己所喜欢的对象和喜欢自己的人，两者的次序基本上是一致的。

这个测试的结果不算完善，其中的偶然性较大。但是它却在某种程度上说明了这样的道理：在你喜欢别人的同时，别人也喜欢你。如果你想得到别人的喜欢，就要先喜欢上别人。只有你喜欢别人，别人才会喜欢你——这是不容置疑的交际真理。

交际场上的魅力达人，向来都遵循这样的交际原则，在别人还未喜欢上他们之前，他们先会想方设法对别人"感兴趣"，表达出自我友善，从而达成良性和谐的人际互动。

德鲁·吉尔平·福斯特，是哈佛大学历史上的第一位女校长，据说，她之所以能成为一位杰出的大学校长，是因为她在与他人接触时，会先表达出她对别人的无限友善、尊重，和感兴趣。

一天，一个名叫叶中的中国留学生要到校长室申请一笔学生贷款，当场就被获准了，叶中万分激动地向福斯特道谢。随后，叶中正要出去时，福斯特却说道："有时间吗？请再坐一会儿。"

接着，这位中国籍学生十分惊奇地听到校长说："你在自己的房间里亲手做饭吃，是吗？我上大学时也做过。我做过红烧肉，是一道鲜美的中国食物，只是工序有些复杂。"

接下去，他又详细地告诉学生怎样挑肉，怎样用文火焖煮，怎样放调料等。

"你吃的东西必须有足够的分量。"校长最后说道。

真是一位了不起的哈佛大学校长！不是吗？有谁会不喜欢这样的人呢？

不可否认，只有那些乐于为别人效力，不惜花费时间、精力，诚心诚意为他人着想的人，才能真正地获得友谊。

"如果那个人喜欢我，我才会喜欢他"，这是多数人所持的交际论调，这样的人是幼稚和愚蠢的。如果你不喜欢别人甚至厌恶别人，却妄想让别人去主动喜欢你，这是消极的社交方式，自然很难获得好人缘。试想：谁会去对一个对自己毫不关心的人感兴趣，甚至把他当作朋友呢？

生活中，还有一种人，他们在与别人交谈时，完全会忽略对方说话的主题思想，只有在某个词汇引起他们的兴致时，他们才会突然打断别人的话，然后围绕这个词汇"展开联想"，继而侃侃而谈。这样的人一般都是些较为自私的人，这样的人是毫无智慧可言的，也不会拥有真正的好人缘。

所以，如果你希望别人喜欢上你，那么，你就先要发自内心地对别人表现出极大的"兴趣"和"热情"以及你的诚意来。这是获得他人认可和喜欢的极为重要的社交原则。

当然，要做到这点，你需要注意以下两点：

1. 要对别人表达出你真诚的"友善"，一定要发自内心，否则，你的"皮笑心不悦"的尴尬表情很快会出卖你。也许你真的对某个人表现不出极大的"兴趣"来，那么，请你至少要向对方表现出足够的尊重和真诚。

2. 所谓的"真诚"，即指用平和与自然的态度去对待周围的人与事物。不卑不亢，不隐藏、不做作，对人不过度防范，也不毫无防范、毫无保留地与人相处，这是符合人性的体现。

制造点"麻烦",去撬开他人的心理"关卡"

"如何才能让不喜欢的人喜欢上我?"这是很多人的困惑。

生活中,这确实是个比较棘手的问题。对此,很多人都会这样做:别人不喜欢我,我就使劲地对别人好,用真诚来打动他。这确实是个不错的正面方法,你的真诚固然能打动人,但这却不是最好的办法。

从心理学角度分析,畅通和谐的人际关系讲究的是两人情感的互动。即指两人互相之间付出,才容易赢得最真挚的情感。也就是说,很多时候,一个不喜欢你或者对你没有好感的人,即便你付出再多,也很难赢得对方的心。为此,在交际场合,聪明的人会采用逆向交际法,即故意制造出一些"麻烦"来,引导对方为你付出,这样便可以轻而易举地撬开他的"心理关卡",打消他对你的种种误解,然后再想办法赢得对方的喜欢。

办公室里,新的搭档不喜欢你,你可以瞅准机会可怜巴巴地哀求他说:"我的电脑出了点小毛病,你可不可以帮我看看?"

在家里,婆婆不喜欢你,你可以甜甜地对她说:"昨天,我听老公说,您煮的鲫鱼汤超好喝,我听得都流口水了,我也好想尝尝那种美味啊!"

闺密的朋友不喜欢你,你可以说:"你这套衣服真漂亮,在哪里买的,改天可不可以带我去啊?"

当他们禁不起你充满了祈求和渴望的眼神,勉为其难地答应下来时,你就该偷笑了,因为你已经成功地撬开了他们的"心理关卡"。

在洛杉矶一家广告公司做推销员的杰瑞,曾向他最崇拜的一位推销高手请教，他曾问他："您为什么能在短短几年内为你的公司拓展如此多的新客户呢？"那位推销高手笑着答道："因为我知道一句神奇的格言。"

杰瑞忙问："什么格言？您能说给我听吗？"结果，推销高手说了一句让他大吃一惊的话："这句格言就是：请帮我一个忙好吗？"

杰瑞不解地问："你需要他们帮助你什么呢？"

那位推销高手回答："每当遇到我的客户时，我都向他们说，'我需要您的帮助，请您给我介绍三个您朋友的名字，好吗？'很多人都会答应帮忙，因为这对他们来说只是举手之劳。"

很多时候，一句"我需要你的帮助"，可以轻易地撬开他人的心理关口，获得他人的好感。

这告诉我们，要让自己拥有良好的人缘，就要在不喜欢你的人面前适当地制造点"麻烦"出来，让对方在帮你忙的时候，渐渐地从心理上接纳你。

心理学家指出，仁慈心、同情心是人类情感世界中最基本的组成部分，每个人都有同情弱小、怜恤受难者的仁慈感情，这是人的本能，也是人性中的闪光点。这种同情心，可以照亮世界。但在现实生活中，一些人会出于高傲的心态，害怕被别人"麻烦"，这其实是拒绝自己的世界被照亮。还有些人，生怕欠别人的情，所以不肯接受别人的帮助，这自然也不利于与别人交流。

很长一段时间内，人们一提到人际关系，都主张要多帮助别人，因为只有肯为别人帮忙，到了"关键时刻"才有脸面向别人求助。其实，快乐地去让别人帮助你，让他人参与到你的世界中来，也是获得良好人缘的好方法。当然，要通过"制造麻烦"去赢得他人的内心，你需要注意以下两点：

1. 在向别人提要求时，一定要趁对方心情好的时候，否则，你有可能会碰一鼻子灰，同时，也可能让你们之间的关系越来越糟糕。

2. 要求别人向你提供帮助时，要先了解对方最擅长的是什么，或者要确定你所提的要求是对方力所能及的事；否则，如果你的要求不合理，或者对方根本不擅长，那有可能起到相反的效果。

交流话题很关键：找准对方的"兴趣点"

美国成功学家卡耐基曾经说过这样一段话："在去钓鱼的时候，你会选择什么当鱼饵？即使你自己喜欢吃起司，但将起司放在鱼竿前端也钓不起半条鱼。所以，即使你很不情愿，也不得不用鱼喜欢吃的东西来做鱼饵。"我们在和人说话的时候也是如此，不管你有多么独到的见解，或是口才如何好，如果你讲的不是对方感兴趣的话题，你说得再多也是白费力气。

从心理学角度讲，畅快沟通的实质便是让对方从你身上找到"优越感"。也就是说，沟通的双方，谁若抓住了对方的"得意处"或"兴趣点"，并能由此展开话题，谁便等于抓住了赢得对方好感的金钥匙。这是因为，从对方最得意、最感兴趣的地方说起，对方对你的警戒心才会自然地消失，彼此的距离才会自然接近，双方的关系便自然向前迈进一步。

美国著名的柯达公司创始人伊斯曼，捐赠巨款在罗彻斯特建造一座音乐堂、一座纪念馆和一座戏院。为承接这批建筑物内的座椅，许多制造商展开了激烈的竞争。在众多商人败兴而归的时候，"优美座位公司"的经理亚当森，前来会见伊斯曼，希望能够得到这笔价值九万美元的生意。

亚当森被引进伊斯曼的办公室后，看见伊斯曼正埋头于桌上的一堆文件，于是静静地站在那里仔细地打量起这间办公室来。过了一会儿，伊斯曼抬起头来，发现了亚当森，便问道："先生有何见教？"

亚当森说："伊斯曼先生，我本人长期从事室内的木工装修，但从来没见过装修得这么精致的办公室。"伊斯曼回答说："哎呀！这间办公室是我亲自设计的，当初刚建好的时候，我喜欢极了。但是后来一忙，一连几个星期我都没有仔细欣赏一下这个房间。"亚当森走到墙边，用手在墙板上一擦，说："我想这是英国橡木，是不是？意大利的橡木质地不是这样的。""是的，"伊斯曼高兴地站起身来回答说，"那是从英国进口的橡木，是我的一位专门研究装饰橡木的朋友专程去英国为我订的货。"

……

亚当森和伊斯曼一直谈到中午。伊斯曼对亚当森说："上次我在日本买了几张椅子，放在我家的走廊里，由于日晒，都脱了漆。昨天我上街买了油漆，打算把它们重新油漆好。您有兴趣看看我的油漆表演吗？好了，到我家里和我一起吃午饭，再看看我的手艺吧。"

午饭以后，伊斯曼看着亲手漆好的椅子深感自豪。直到亚当森告别的时候，两人都未谈及生意。最后，亚当森不但得到了大批的订单，而且还和伊斯曼结下了终生的友谊。

每一个人都有自认为得意的事情，这事情的本身，究竟有多大价值，是另外一个问题，而在他本人看来，却认为是一件值得终生纪念的事。你如果能预先打听清楚，在有意无意之间，很自然地讲到他得意的事情，只要他对你没有厌恶的情绪，只要他目前没有其他不如意的刺激，在情绪正常的情况下，他一定高兴听你说的话。

人与人沟通，很难在一开始就产生共鸣。当我们试图说服别人，或想向对方寻求帮助的时候，最好从对方感兴趣的话题说起，不要太早表露自己的意图，让对方一步步地赞同你的想法，当对方深入了解你之后，便会不自觉地认同你的观点。对此，你可以从以下几点去努力：

1. 当你在提及别人的"兴趣点"或在表达敬佩时，不要过分地表现出你的崇拜感，否则反而会引起别人的不安。

2. 对于事情的关键点，要慎重提出，加以正反两方面的阐述，使得他认为你是他的知己。你一面听，一面说几句表示赞赏认可的话，即使他是个冷静的人，也会变得和蔼可亲，然后你利用这个机会，稍稍暗示你的意思，这样谈下去的结果自然是皆大欢喜。

打动人心的诀窍：留心别人的"小需求"

生活中，但凡记性不错的人，多数是受人欢迎的。这些人，善于观察周围人的需求，并能从细微之处给予对方帮助，让人在受宠若惊间，对之产生好感。

玛丽亚是个细心的女孩，无论是与熟识的朋友交往还是与一些陌生人相会，她都会十分留心别人的"小需求"，并适时给予关心或者提供帮助。

一次，她和仅有一面之缘的路易丝见面，上去便说："你好，路易丝。"

这让路易丝受宠若惊："上次不过匆匆一面，你便记住了我的名字。""当然记得了，你可是上次酒会我认识的最漂亮的女孩子啊！"这一番话下来，路易丝便自然与她互换了名片，成了关系不错的朋友。

还有一次，玛丽亚与露西一起吃饭，她便提醒道："亲爱的露西小姐，咱这次可不能吃海鲜，那东西性寒，吃多了对肠胃不好。"露西听罢，感动得几乎要落泪："我上次可只是顺嘴说了一句我肠胃不好，你竟然记住了。"

玛丽亚与同事叶莲娜见面,她便说:"亲爱的叶莲娜小姐,你上次戴的项链真的很漂亮,跟衣服简直配极了。"叶莲娜简直不敢相信:"这些小事你都记得啊。"

可以想象,有了这些细致入微的关怀和提醒,相信不管是哪个朋友,都会对玛丽亚表现出极大的感激和喜欢来。因为,玛丽亚的做法,让她们觉得,自己是个极为重要且特别的人物。

心理学中认为,人,永远是需要认同感的。如果没有了认同感,就没有了向上的动力。而关注对方的"小需求"无异是一个人最大的认同。所以,要想赢得友谊,拉近与他人的关系,就要懂得在第一次与对方见面时,注意观察和留心对方的"小需求",记住一切与他相关的重要信息,只要你下了功夫,这些信息自然就会在你的脑中扎根,以备下次见面时,作为联络感情的"敲门砖"。

对此,人际关系大师卡耐基也认为,当我们试图想要改善和巩固与某个人的关系时,不要指望帮他一个大忙,其实只要在日常的小事中,随时懂得施予对方关心,便能收到不错的效果。尤其是对那些初入职场的年轻人来说,很多人都苦于自己"帮不上别人的忙",所以难以融入同事圈中。其实,如果你帮不上大忙,你完全可以从"细节"入手,适当地帮个"小忙",这同样能够为你赢得良好的人际关系。

贝鲁奇刚刚大学毕业后,便到一家传媒公司工作。他工作能力很强,但让贝鲁奇感到尴尬的是,自己很难融入老同事的圈子中去,也就是说,他拙劣的人际交往让他在公司感到不自在。因为他的多数同事,都有他们自己的闲聊话题,比如美食、政治等,而这都是年轻的贝鲁奇插不上话的。

如何才能与这些同事打成一片呢?贝鲁奇发现,其实这也不是件困难的事。于是，他便利用工作途径，随手给别人提供一些"小帮助"。比如，一次，贝鲁奇听到办公室的一位同事说，要给自己的孩子买一份保险。于是，贝鲁奇听罢，便从自己的抽屉里抱出一大堆名片，挨个儿找，终于找到了一家比较靠谱的保险公司。第二天，他便对那位同事说，昨天听说你要给孩子买份合适的保险，我觉得这家公司很不错，你可以尝试跟对方的负责人具体沟通一下。这个小举动，让那位同事受宠若惊："哦，贝鲁奇，你可真是个细心的人，我昨天只是随口说了一句，没想到你却把它放在心上了！"

这便是留心"细节"的好处，它带给人的不仅是惊喜，还有感动。相信，只要贝鲁奇这样坚持随时留心帮助别人，他一定会很快地被老同事们所接纳。所以，要想接近某人或者想与某人成为好友，就多注意留心别人的"小需求"吧。一个能让全世界都需要的人，人缘一定不会差。

要做到从"细小处"打动他人，你需要注意以下两点：

1. 在平时，注意留心观察你想结交者的"需求"，要从他的话语或者行为中仔细捕捉，然后，出其不意地给对方施予帮助。

2. 对别人施予帮助时，切忌当着外人，或在大众场合送礼，否则会给人一种献殷勤的感觉。同时，在对别人施予小小的帮助的时候，一定要真诚，否则，会让人觉得你是有目的或有所图的，这样只会起到相反的作用。

有技巧的赞美，让人心底乐开花

美国心理学家威廉·詹姆斯有句名言："人性最深刻的原则就是希望别人对自己加以赏识。"每个人都希望得到他人的赞美，即使对方明知你说的是奉承话、"假话",心中也会沾沾自喜,甚至乐得开花,这是人性的弱点,永远也改变不了的弱点。赞美犹如阳光,获得别人的肯定和赞美是人们共同的心理需要,一旦得到满足,便会成为其积极向上的原动力。

在现实中,因为各种压力的存在,人们受到的赞美越来越少了。没有被人赞美与肯定,人们就开始失去自信,所以一般的"高帽子",大家都乐意接受。然而,"高帽子"却不是人人都会戴的,需要技巧和学问。如果戴得不好,赞美的话说得不到位,则会适得其反。所以,我们在说服别人时,应该注意赞美的技巧。

卡耐基小时候是一个公认的坏男孩。在他九岁的时候,父亲把继母娶进家门。当时他们还是居住在乡下的贫苦人家,而继母则来自富有的家庭。父亲一边向继母介绍卡耐基,一边说:"亲爱的,希望你注意这个全郡最坏的男孩,他已经让我无可奈何。说不定明天早晨以前,他就会拿石头扔向你,或者做出你完全想不到的坏事。"

出乎卡耐基意料的是,继母微笑着走到他面前,托起他的头认真地看着他。接着她回头对丈夫说:"你错了,他不是全郡最坏的男孩,而是全郡最聪明、最有创造力的男孩。只不过,他还没有找到发泄热情的地方。"

继母的话说得卡耐基心里热乎乎的,眼泪几乎滚落下来。就是凭着这一句话,他和继母开始建立友谊。也就是这一句话,成为激励他一生的动力,使他日后创造了成功的28项黄金法则,帮助千千万万的普通人走上了成功和致富的道路。

在继母到来之前,没有一个人称赞过他聪明,他的父亲和邻居认定:他就是坏男孩。但是,继母就只说了一句话,便改变了他一生的命运。卡耐基14岁时,继母给他买了一部二手打字机,并且对他说,相信你会成为一名作家。卡耐基接受了继母的礼物和期望,并开始向当地的一家报纸投稿。他了解继母的热忱,也很欣赏她的那股热忱,他亲眼看到她用自己的热忱改变了他们的家庭,所以,他不愿意辜负她。

来自继母的这股力量,激发了卡耐基的想象力,激励了他的创造力,帮助他和无穷的智慧发生联系,使他成为美国的富豪和著名作家,成为20世纪最有影响的人物之一。

记得卡耐基训练中的一篇经典文章曾有这样一句话:"掌声可以使一只脚的鸭子变成两只脚。"在日常交往中,人人需要赞美,人人也喜欢被赞美。如果一个人经常听到真诚的赞美,就会明白自身的价值,这有助于增强其自尊心和自信心。特别是当交际双方在认识上、立场上有分歧时,适当的赞美会发生神奇的力量,不仅能化解矛盾,克服差异,更能促进理解,加速沟通。所以,善交际者也大多善于赞美。

你如果想让自己的赞美乐于被人接受,就应该与众不同,有自己的特色,美丽高雅一些,不能俗不可耐,让对方倒胃口,只有漂亮实用的赞美才能在说服中起作用。在交际中,要使你的赞美起到作用,你可以从下面几点去努力:

1. 因人而异。人的个性、爱好、年龄、素质都是不同的,有特点的赞美比一般化的赞美更能渗入人的心窝,起到良好的效果。老年人总希望别人不忘记他"想当年"的业绩与雄风,与其交谈时,可以多称赞他引以为豪的过去;年轻人,不妨用夸张的口气赞扬他的创造才能与开拓精神,并举出实例以证明他的似锦前程;对于商人,可以赞扬他眼光敏锐,头脑灵活,生财有道;对于知识分子,可以称赞他有才气、知识渊博、宁静淡泊……当然,这一切一定要以事实为依据,切不可虚夸。

2. 情真意切。每个人固然都喜欢听赞美的话,但并非任何赞美之词都能博得对方的高兴。能引起对方好感的只能是那些立足于事实,发自内心的赞美。相反，你若毫无依据、虚情假意地赞美，不仅会让对方感到莫名其妙，还会觉得你油嘴滑舌、诡诈虚伪。比如，你见到一位其貌不扬的姑娘，却偏要说："你长得真漂亮！"对方立刻会认定你所说的是虚伪之至的违心之言。但如果你着眼于她的服饰、谈吐、修养，发现她这些方面的出众之处并进行赞美，她一定会高兴地接受。真诚的、发自内心的赞扬不但会使被赞美者产生心理上的愉悦，还可以使你经常发现别人的优点，从而使自己对人生持有乐观、欣赏的态度。

3. 翔实具体。在赞美时，要从具体的事例入手，哪怕是微小的长处，并不失时机地予以赞美。赞美之词越是详尽具体，说明你越是了解对方，对他的长处和成绩越是看重。让对方感到你的真挚、亲切和可信，你们之间的距离就会越近。如果你只是含糊其辞地赞美对方，说一些"你工作很出色"或者"你是一位卓越的领导"等空泛的话，可能会引起对方的猜忌，甚至会产生不必要的误会与信任危机。

总之，赞美是需要讲究技巧和方法的，不合时宜和时机的赞美，都会起到适得其反的效果。一个人要想使自己更受欢迎，就一定要掌握以上的赞美原则，并尽力做到恰当、适时、真诚，具体翔实。

给对方来一点"意外的惊喜"

刚从一所大学毕业的詹姆斯，今天异常兴奋，因为他要到一家公司去应聘广告策划员的文职工作。但不幸的是，他在面试的路上遇到了严重的交通拥堵。当詹姆斯到达目的地时，已经超过了与对方公司约定的时间半个小时。当时，该公司的面试官正在与另一位应试者进行着交谈，詹姆斯为了再次争取到面试的机会，便向旁边的秘书要了一支笔，写了一个纸条，然后请秘书帮自己递给了面试官。

秘书把纸条递给了面试官，面试官不知是什么东西，打开一看，只见上面写着："尊敬的面试官，您好，我叫詹姆斯，你今天如果不面试我，你会错过一次获得最佳人才的机会的，请您在见到我之前不要轻易地做出什么决定。"

面试官向站在后面的詹姆斯一看，互相交换了一个笑容，最后，詹姆斯成功地应聘上了理想的职位。

詹姆斯由于迟到，本来就留给人一个不好的印象，也意味着他即将错过面试的机会了。但是他大胆地给面试官递上了一个条子，让人觉得这个人是一个会为自己努力争取机会的人，那么在工作中自然也会努力把事情办好，让人对他寄予美好的期望，所以得到了面试官的欣赏。

在一个大型招聘会上，一个大学毕业生看到一家知名机械制造公司在招聘，自己很想进去，于是走到经理前面，自信地问道："请问你们需要一个优秀的技术员吗？"

经理看他年纪轻轻，却口出狂言，于是直接拒绝了："不需要。"

大学生没有立即离开，而是自信地说道："那你们需要优秀的工人吗？"

经理的态度还是很坚决，回答道："不需要。"

然而大学生还是非常执着："那么优秀的门卫要不要呢？"

经理摇摇头道："不需要。"

"既然你这么说，那么我就明白了，你们肯定需要这个东西。"说着就从自己的包里取出了一个牌子，上面写着：暂不招人。

经理那本来显得僵硬的脸，顿时就舒展开了，于是开始和这个大学生聊了一阵，最终让这个刚刚毕业的大学生加入了自己的公司。

这个大学毕业生虽然显得有些过于自信，缺少一点谦虚，引起了经理的反感。但是后来他能够拿出牌子，这个充满创意的举动，是让经理无论如何也想不到的，从而改变了对他的印象，发现他原来是有备而来的，结合这个大学毕业生前面的表现，则把他之前的轻狂看成了他的自信。

能在说话中表现你的创意，就表明你是一个善于动脑子的人，会为了达到自己的目的去想尽一切办法。无论是生活还是工作，最让人害怕和头疼的就是不会动脑子想办法的人，所以一个有创意的人，会受到人们的欢迎。

要能在说话的时候，很好地表现出自己的创意，那么就要做到这样几点：

1. 要胆大，不要因为自己的出格或者表现得不正常，害怕遭到别人的嘲笑，开放自己的思维，充分发挥自己的想象，只有这样才能发挥出好的创意。

2. 你的创意一定是要在尊重别人的基础之上，不能对别人造成负面的影响，也不要让人感到不舒服。

来点"幽默"，焕发出你的人际"磁场"

在交际场上，要引人注意，让人产生好感，幽默是少不了的。它是缓解你与他人之间关系最佳的润滑剂，能使人在开怀大笑中显得轻松自然，能使严肃紧张的气氛变得轻松、活泼，它也能让人感受到说话的温厚和善意，使你的观点更容易让人接受。一个时不时能在他人面前展示"幽默"的人，能焕发出强大的人际"磁场"，会给人一种亲切、快乐、无约束的感觉，能让周围的朋友如沐春风、心情荡漾，让人不自觉想与之靠近。

对此，积极心理学指出，幽默能够提升他人对自己的印象，让人感觉亲密并能帮助人们缓解压力。幽默感能够帮助人们建立与世界的联系，并帮助我们领悟生命的意义。同时，幽默也能使人增强情感福祉和乐观向上的感受。所以，在交际场上，如果你想引人好感，那就来点"幽默"吧！

鲁克德在大学毕业后，想去一所学校面试一个教师岗位。主考官问了这样一个问题："请问为什么你要选择教师这个职业？"

鲁克德不想跟大家一样回答，把理由说成是喜欢孩子，或者说教师是个神圣的职业，觉得那样就太没创意了，也不会给考官留下深刻的印象。

于是他想了一想，回答道："我小的时候，曾经要立志要做一个伟人，后来发现这不太现实；于是我曾立志想要做一个伟人的丈夫，可是现在才发现，我这个理想也不大可能实现。于是我改变了主意，我决定成为一个伟人的老师。"

面对这一番似曾相识的话，现场的考官忍俊不禁，在欢悦的笑声中，把鲁克德给录取了。

鲁克德在其他的方面没有什么必然胜出的优势，但是就凭借这种出人意料的幽默，带给主考官一种好感，取得了自己面试的成功。

我们生活在充满压力的环境中，幽默可以缓解人的精神压力，给人的学习生活以及工作带来意想不到的开心和快乐，让人不由自主地想要与之靠近，自然就容易让人接受。其实，如果你在一个陌生人面前表示出幽默，便会在赢得好感中拉近彼此间的距离。

当然，在交际场合，我们如何才能更好地表现出自我幽默感呢？

1. 要放得开，不拘谨。不能因为在陌生人面前而感到不好意思，放不开自己，而是要把陌生人当作自己的熟人朋友，说话就像与朋友聊天一样。不要担心自己会出丑，心里想着自己就是要大家看自己出丑的，这样就可以完全放开自己。

2. 不要让幽默变成演戏。有的人知道幽默会给人一个比较好的印象，于是就拼命地搜寻一些笑料以博取别人的欢心，这样就有失庄重，把自己变成了一个小丑，虽然会给人带去快乐，但是却让人对你的本质产生了不好的印象。

3. 如果一时想不到其他的幽默主题，可以从自身的缺点开始，可以调侃自己的身材和长相，也可以调侃自己的错误和幼稚，或者是别人对自己的中伤和打击。比如著名演员黄渤在领取金马奖的时候就这样调侃自己说："我当年考上电影学院的时候，就有人说'现在电影学院的招生条件也太松了吧'，我和一帮帅哥美女同学去试镜的时候，导演和他们谈了半天后，问我说：'你是他们的经纪人吧？'还有前辈曾对我说'女怕嫁错郎，男怕选错行'。今天看来我是选对了。"

第二章
先了解个性，再对"症"下药：赢得人心的关键

一位交际大师说过，在交际场上，很多人的"输"，并不是输在"实力"，也不是输在"能力"，甚至不是输在"魅力"上，很多时候是输在了不了解对方的个性上。如果说交际是场"心理战"，那么，要想赢得这场战争，你就要在知己的同时，先"知彼"：即了解对方是一个什么样的人，有着怎样明显的个性特征。这样你才能对"症"下药，用不同的方法与对方打交道。那些交际场上的交际大师，都能看懂人心，善于察言观色，能提前预知交际对象的个性特点，然后抓住其性格弱点，再采取有效的交际策略，从而顺利地赢得人心，达到社交的目的。

话语中隐藏的"个性特点",你是否读得懂

一个人所讲的话,都是在表述自己对各种事物、情况、问题的看法,而在讲这些话时所表现出来的话语特点,恰恰能够暴露一个人的性格特征。而高明的交际人员则会在与对方的沟通中收集有价值的"情报":即懂得察言观色,仔细地甄别对方所讲的每句话的含义,从而推测出其当时的心境与基本的个性特征,再根据其具体情况采取必要的措施。

心理学指出,每个人说话都有自己的特点,我们通过巧妙地分析对方谈话的口气、速度、声调,便能够探索出对方的内心正在想什么,了解这些也是你是否能与对方顺畅沟通的关键。

三国时候,袁绍树起反董卓的大旗后,著名的谋士郭嘉听说袁绍出身于贵族,就去投靠他。

袁绍知道郭嘉是个有智慧之人,便对他十分敬重,待他如上宾。但是不久以后,郭嘉就从袁绍的谈吐中看出他是个不可靠之人。于是,他就对谋士郭图说:"袁绍表面上效仿周武王礼贤下士,但是他说话没有重点,而且还经常把家事挂在嘴边;喜欢让大家献计,自己却不肯动脑。这样的人哪能成大事呀!"不久,郭嘉就离开了袁绍,投奔了曹操。

曹操亲自考察郭嘉,就问他:"你说我能打败袁绍吗?"郭嘉说:"袁绍有十败,您有十胜。"紧接着就向曹操分析了袁绍的十大弱点、曹操的十大优势,说得有理有据,让曹操心服口服,郭嘉最后建议曹操要先攻打吕布,然后再逐步地扩大自己的地盘,壮大自己。曹操马上说道:"就

依先生所言。有了你在身边，我何愁不成大事呢！你就是我苦苦要寻找的谋士！"郭嘉也说："您也正是我要找的明主呀！"

在此我们可以分析一下，袁绍平时说话没有重点，喜欢谈论家事，没有决断能力，证明他胸无大志，成不了什么大事。而曹操则言简意赅，对郭嘉的建议马上采纳，证明他做事果断，不拖泥带水，而且会说恭维话，让郭嘉死心塌地，因此可成大事。而郭嘉于言谈中则听出了曹操的为人爽快，因此，自己也没什么顾忌，该说什么就说什么。所以说，从心理学角度出发，一个人说话的速度、口气以及声调，就是我们探知对方深层心理意识的关键。有的人说话粗俗下流，有的人说话谦恭有礼、有条不紊，当然也有人一派胡言，或说话时内容空洞、不知所云。这些就能够反映出对方相对应的性格特点和内涵。

正式场合，很多人在发言时，总是会先清一下喉咙，这说明他内心有些紧张，面对此情景，我们可以说几句客套话，缓解对方的紧张心情，从而开始良性的沟通。

当一个人与你沟通或未沟通时，下意识地吹口哨，则说明其内心处于一种潇洒或处之泰然的状态。这也说明对方对你们的交谈或谈话成竹在胸，有十足的自信心。这个时候，你如果是与对方谈生意或谈合作，那就要小心，避免陷入对方的圈套中。

与你交谈时，说话支支吾吾，内心不诚实的人，表明其心虚。要知道，对方可能是在隐瞒什么事情，不愿意将信息透露给你。这时，我们要提高警惕，善于从细节上发现各种蛛丝马迹，找到问题的症结所在。

说话阴阳怪气，并且声音较刺耳的人，其往往都是心胸狭窄者。这个时候，我们说话要注意，要以夸奖为主，别纠结，而应该找到与之共处的对策，避免使自己陷入尴尬或被动的地位。

个性开朗、内心清顺畅达的人，其说话的言语一般较清亮平和，而且脸上时常带着笑容。这样的人内心较为平和，极容易相处，而且他们待人真诚，个性宽厚。与这样的人交谈，你只需要发自内心地给予真诚，就能容易赢得对方的心。

那些说话气势逼人，连同声调也非同一般的人，往往是具有实力者，或者内心狂妄自大者。面对这样的人，我们最好能时时顺着他们，最好能表现出对他们的仰慕之情，如此便能赢得他们的好感。与这样的人交谈，切勿不要与他们发生冲突，避开他们的锋芒。

总之，话语、语气、表情等，都能透露出一个人的大致性格特点来，我们要善于观察，然后再通过心理分析，去摸准对方的个性特点，再进一步采取有效的交际方法，从而达到社交目的。

与冷漠的人交往：你要表现出足够的真诚

无论在职场上、生活中，还是在生意场上，每个人都会遇到冷漠的人。他们不苟言笑、一脸严肃，无论对谁都表现出一副冷冰冰的面孔，给人的感觉就是内心总藏着一份秘不可宣的情怀，常人极难打探清楚。

不可否认，这样的人很不好相处，因为我们生怕自己的不当言行招来他的反感或恼怒。

其实，冷漠的人，都是用心看世界的人。从心理学角度分析，越冷漠的人越有一颗敏感的心，能注意到常人所注意不到的细节，以及他人行为的点点滴滴，并能从这些点点滴滴中看穿一个人内心的真正想法。所以说，冷漠的人，都是真正懂人心理的人。与这样的人相处、讲话，一定要对他施予足够的热情，而且这些热情是发自内心的。你的半真半假、不真诚，一定换不来他们的认同感，更换不来与他们的真心交流。

如果你想打开冷漠者的心扉，那么，在见到对方的时候，一定要发自内心地感到愉悦、高兴，用你的真诚去打动和感化他。

据说，查尔斯·伊里特是纽约一家培训机构的负责人，平时看起来冷漠、不苟言笑。他的下属和同事看到他，都不敢轻易开口与他交流，更别说与他成为朋友了。

一天，查尔斯的一位叫埃布尔的属下到他的办公室去向他申请向一个项目增加点经费，因为理由说得不充分，当场就被拒绝了。埃布尔内心有些沮丧，但是出于礼貌以及对这位上司由衷的尊敬，他还是弯下腰去向他鞠了一个躬以示感谢。随后，当埃布尔正要出去时，惊奇地看到上司正在看时尚杂志。

埃布尔停顿了一下，鼓足勇气对上司说："您平时也关注时尚吗？我平时也对时尚充满了兴趣。你手里拿的这本时尚杂志上的内容有点过时了，我向你推荐一个在华尔街精英界比较有影响力的杂志吧！"说着，便拿起手机，在网上找到了那本杂志的订阅方式，并下载了电子版，通过MSN发给了他！

查尔斯看到埃布尔态度如此诚恳，便应答道："哦，是吗？我早就听一位朋友讲过这个杂志！"

接下去，埃布尔又详细地向他提供了那本杂志的订阅方式，并且还针对查尔斯的身材条件，给他提出了一些穿衣搭配的时尚小方法……说到这里，埃布尔说道，亲爱的查尔斯先生，我们这次做的是一项高端培训业务，对方对我们的穿衣要求极为严格，所以，你看能否帮我们增加一点经费，否则，这个项目很可能会给我们带来不好的口碑……查尔斯最终还是被下属的这种真诚态度给打动了。

几个月后，埃布尔的项目组意外地收到了一笔活动经费，他知道，这是那位不苟言笑的上司查尔斯亲自为自己办的。

乐于为对方效力，不惜花费时间、精力，诚心诚意地为对方着想，散发你的真诚和热情，才是打开冷漠者心扉的唯一办法。

"如果那个人喜欢我，我才会喜欢他"。持这种论调的人，是很天真幼稚的，甚至可以说有点愚蠢。如果你不喜欢别人甚至厌恶别人，却妄想别人喜欢你，未免有些一厢情愿。试想，谁会去把一个对自己缺乏真诚、热情，并对自己漠不关心的人当作朋友呢！当然了，在与冷漠型的人相处时，你需要注意以下两点：

1. 从心理学的角度分析，外表越是冷漠的人，内心越是渴望得到真情、热情，所以你在施予他们热情和真诚的同时，不要轻易去触碰他们的底线，否则，他们有可能立即与你反目成仇。

2. 再冷漠的人也会有兴趣爱好，我们可以根据对方的兴趣爱好，去配合对方，让对方感受到我们的诚意，谁都不会拒绝真心诚意的朋友。

与"独断专行"的人相处：尽量满足他的控制欲

在交际中，我们经常会遇到这类人：态度很冷峻，总给人高高在上的感觉，很喜欢控制别人。你在与他沟通的过程中，他总是会抢先夺过话题，让你跟着他的节奏走。另外，这样的人说起话来总是带有一种命令的口气，相处起来极不易。遇到这种人，很多人都觉得难以招架，甚至不知道如何才好。

查理是玛丽所在公司的代理商，平时个性狂傲，特别不好相处，在公司被大家称为"不好惹的老头儿"。在平时生意合作中，他提的要求最多，问的问题也最多，导致公司的许多业务员都不敢"碰"他。

玛丽是初入公司的新员工，经过培训后，她被分配到了客户查理这里做红酒产品的分销工作。玛丽所在公司主要是生产和批发高档酒产品,销售对象以高端人士为主。虽然事先玛丽早就听闻查理刁钻、难搞,但玛丽则抱定"打不还手,骂不还口"的主意,相信自己能够搞定。

第一天到查理的公司,被查理的助理告知说将约谈推到第二天。

第二天,玛丽到查理公司时已经九点,查理公司上班时间为8:30,查理早在办公室等候,看到玛丽便劈头盖脸地说:"不是约你一早过来吗?现在看看都几点钟了?"玛丽红着脸没说话,但心里暗想:"看来这个客户工作还挺严谨的,以后得注意了。"紧接着查理就给玛丽宣布了自己公司的一些规章制度,安排玛丽先熟悉一下公司环境,俨然已经把玛丽当成自己的下属看待。

三天之后,查理安排玛丽与业务员一起去二级市场跑业务。在市场中玛丽发现了很多问题。首先,查理公司对二级市场的客户完全没有掌控能力;其次,公司产品形象展示效果不好,厂家的宣传标志很少出现,产品样品的摆设也不是很好;最后,产品没有按统一价出售。发现这些问题后,玛丽迅速给查理提出了整改方案。但是,查理听罢后,只是淡淡地说:"希望你把这些问题和建议以书面的形式写出来,并且提出其解决方案,不要流于表面。解决问题才是关键。"

玛丽心里一愣,心想:"这个人的态度如此蛮横,怎么一点也听不进去别人的意见呢?帮你提问题,你却觉得这是在抱怨,这就是对待下属的态度吗?更何况我是总公司来的人,又不是你的下属,凭什么这么支配我呢?"

当然,抱怨归抱怨,问题还是要主动去解决的,玛丽便立即开始寻求方案,并去向公司其他优秀代理商请教。玛丽从这些方法与经验中汲取一些精华,再加上自己的想法,为查理提出了许多可行的实施方案。

方案提出之后,查理彻底傻眼了,他对眼前这个小姑娘不由得产生了敬佩之情。果然，按玛丽的方案进行整改之后，查理所代理的红酒销量大大地提升。从此之后，查理再也不去刁难玛丽了。

从上述事例中，可以看出，对待独断专行的狂傲型客户，一是要千方百计地"顺"着他，尽量不与其发生冲突；二是要拿出点实力来，让他对你另眼相看，从根本上令其折服。

独断专型的人，一般都有支配他人的习惯。这样的人虽然狂傲，但却有很强的时间观念和行事原则，与这样的人打交道，除了按时赴约外，还需要按规矩办事。同时，在与他们的交谈中，思路尽量要清晰明了，切忌拖泥带水，更不要闪烁其词或者是在不恰当的时候提出反对意见，否则很容易与他们发生冲突。总之，对于这样的人，我们要时时懂得满足对方的支配欲，这样才能保证交流或合作的顺利。

当然，除了顺着他们，还要适当地坚持自己的原则或立场，你可以从以下几点做出努力：

1. 要有一套完整的企划案，立场明确，思维严谨，办事绝不拖拉，要让对方知晓一点，合作是有益于他的。

2. 在其要求合理的前提下，完成其提出的任务，满足其要求，这样工作才能顺利推进。

3. 适当满足对方的控制欲，以避免合作过程中因为冲突产生这样或那样的不愉快。

与高冷的强硬者沟通：攻陷他的自尊心

生活中，我们往往会遇到这样一种人：对人对事总是摆出一脸的冷傲，并且说话语气强硬，在拒绝对方时会显得格外的决绝。例如：对下属提交上去的工作报告，他直接说"重做"；异性的求爱，他直接说"没门儿"；同行的求助，他直接喊"不行"；朋友的邀约，他直接讲"没空"……总之，他们给人的感觉总是冷冰冰的，不好打交道，觉得无论自己怎样做，都得不到对方的肯定和欢心。其实，与这样的人交好，并不像你想象的那么难。

从心理学的角度分析，这样的人之所以高冷，主要是他们有着极为强大的自尊心和自信心。而自信心越强的人，其实内心越是直白，为人处世越不懂得拐弯。因为自身条件的良好，让他们习惯了直来直往的随性。同时，外表越是冷傲、强硬的人，内心则越是柔软。所以，要想获得这样的人的好感，你首先要付出足够的耐心。

其实，这样的人在决绝地拒绝对方，即在一声声的"不行"和"不好"喊完后，其自尊心便开始发酵。越是自尊心强的人，内心就越有一份超越常人的敏感性，在拒绝了对方之后，他们会慢慢地静下来细想，由己及人，会懊悔自己做得太绝。可以说，自尊心强的人，不仅会在意自己的尊严，更会在意别人的尊严，无论伤到了谁，他们都会有坐卧难安的局促。为此，你要抓住他们的这一心理特点，不能在对方拒绝你之后，就放弃与之沟通，而是应该坚持对他们软磨硬泡，当你不断尝试的时候，他们一定会由"不行"变成"行"。

闻名于世的巴拿马运河由于"连接南北美，沟通两大洋"，而被誉为"世界的桥梁"。其实，巴拿马运河的开凿工程确实难度巨大，可对当时的美国总统罗斯福来说，美国国内极为优秀的工程师乔治·华盛顿·戈瑟尔斯是承担这个"大任务"的理想人选。

1907年，48岁的陆军工程师戈瑟尔斯接受负责巴拿马运河工程。可是就在工程加紧期时，一种钢型材料却一度供给不上，这也意味着，这项工程即将面临停工、延误工期的困境。

为了解决这个难题，乔治亲自到美国西部专门提供生产此类钢材的工厂求援。可是他一到那里，就遇到一位冷傲强硬的负责人，对方随即一口回绝："眼下没货，你的请求根本不可能答应！"

乔治明白，这次西行必须满载而归。但是这位负责人竟然油盐不进，他也无计可施。于是，为了完成任务，乔治便在化工厂附近住了下来，并对当时的负责人说："我在焦急地等您的答复！"

就这么待了一个星期，该厂负责人有些于心不忍，他有些招架不住了，对乔治的态度有些缓和。这天，该负责人将乔治叫来劝他另想办法，并给他倒了一杯威士忌酒，说喝完就可以离开了。

不过，乔治并没有灰心，他喝了一口酒，继续软磨硬泡起来："这酒的口味棒极了。可实施这项工程的工人已经有50天时间，没有喝到过这种美味了！他们很多人为了完成这个伟大的工程，已经很久没有和家中联系了……"乔治的这番话，让这位负责人有些动情了。于是，就在接下来的几天时间，他通过各种渠道，终于弄来了几千吨的货，解决了乔治的问题。

与冷傲强硬的人打交道，在遭到拒绝后，一定要用一脸的落寞以及自己楚楚可怜的情态去诱发对方的悔意，并再用软磨硬泡的方法，获得对方的肯定回答。因为你要知道，只要对方内心开始有了不安，接下来的事情便变得好办多了。对此，你需要注意以下两点：

1. 很多时候，自尊心越强的人越容易输给自己的那份自尊心。当然，攻陷他的"自尊心"，就是通过软磨硬泡的方法去慢慢打动他，在此过程中，你始终要给予对方足够的尊敬和真诚。否则，你的"软磨硬泡"策略，便很快会失去功效。

2. 越是高冷的人，越是需要直言。就是说，你的拐弯抹角的社交策略，只会引起他的反感。

狄拉克是英国物理学家与应用数学家，于1933年获得了诺贝尔物理学奖，他个人以沉默寡言出名，总给人一种高冷、强硬、严肃的感觉。

一位和狄拉克在剑桥大学共事多年的物理学家说，如果要和狄拉克讨论问题，最好是把问题直截了当地提出来，不要有废话。而狄拉克通常会看天花板五分钟，然后转看窗外五分钟，再回答"是"或"不是"，非常简洁。

在现实中，如果你遇到狄拉克这样的人，你会讨厌得起来吗？反而因为他的高冷、寡言，让你们之间的交流变得更直接有效，相处也不需要心机和顾虑，这不是很令人愉快的事吗！

与"负责认真型"的人交往：要时刻规范你的行为

在交际活动中，我们也常会遇到这样的人：他们工作认真、处事谨慎，对细节问题把握得十分精准。在与之沟通时，他们通常会表现得小心翼翼，同时，很是在意别人说话的逻辑性。如果你在初次与之交谈时，说话过程中就出现这样或那样的漏洞，那么便很难获得对方的青睐，如果想与他们合作，那将会变得困难重重。此外，这类人也十分讨厌被人欺骗，哪怕是善意的谎言。

这种"负责认真型"的人，通常具有极强的分析能力，做事很是严谨，任何细小的问题都难以逃过他们的眼睛。这些特点，使他们对人对事都有"完美主义倾向"，很是挑剔；同时，他们也不会轻易相信一个人。在社交场合，这类人属于比较"难缠"的那一种。当然，要赢得这类人的心，你需要分析他们的需求，在与之谈话时要表现出足够的真诚，使其具有十足的安全感。

另外，与这样的人相处时，你要时时以一种井井有条、严谨的状态出现，尤其是对细节方面的把握更需要注意。

丽莎是某化妆品品牌的直销代理，她对一般的客户推销她的化妆品时，总是会按照自己的流程：先给客户讲解其化妆品的品牌价值以及公司的文化背景，再让客户试用，然后最终为客户选择和配置最适合的产品。一次，她向一位记者朋友介绍产品时，还按照其原有的思路进行，随后只是对产品进行简单的"游说"，根本没有考虑到客户的需求，结果沟通了好几次，对方始终没有购买。

不久后，丽莎的同事玛丽亚接手了这位客户，她仔细分析了这位记者朋友：她是一位外景记者，对工作极为负责认真。先前，她对丽莎对她敷衍了事的态度很不满，随后便开始有意地疏远丽莎。后来，当与玛丽亚接触时，玛丽亚针对她的皮肤特点，并根据她的工作性质，着重为她推荐了一套防晒保湿系列的化妆品，女记者这次欣然接纳了。在随后的日子，这位顾客只要皮肤一有问题就会向玛丽亚咨询，并时时在她那里选购化妆品。

"负责认真型"客户讲求事情的准确性，他们的分析能力与观察能力都极强，因此，掌握一定的数据对他们来说很是重要。在与他们交往，尤其是谈合作时，尽可能地要为他们提供一些富有针对性的资料。另外，"负责认真型"的人不喜欢攀比，对人对事都很有主见。对此，我们在与之交往的时候，就需要注意以下几点：

1. 从工作方面来说，说话时候思路尽量要清晰，方法要具体明晰，态度要严谨，不能带有丝毫敷衍的态度。

2. 从生活方面来讲，行为必须要规范，最好不要有什么不良的习惯；谈话要冷静，切勿急躁；谈话的内容需要有条理，最好能有专门的笔记；谈话时须记录下对方的要求，让对方明白你在认真地倾听。

3. 如果你想向对方推销你的产品，你需要知道的是，这种个性的客户非常关注产品的详细说明，以便了解到更多关于产品的信息。当然，在说明这些信息时，要保持其真实度，千万不能夸大其词。从心理学角度分析，这种类型的客户可能在前期属于比较难以合作的对象，但是从长期来看，这类客户是最稳定的类型，一旦认准你的产品，就会与你建立长期的合作关系。当然，在他们成为你的固定客户后，你也不能懈怠，因为他们有善于观察和分析的本性，如果你有丝毫的怠慢或者欺骗的成分，那么合作可能就会被终止。

对待沉默寡言型的人：要施予足够的"耐心"

在交际场中，我们常会遇到一些沉默寡言的人，他们的个性或者木讷或者内敛，老成持重，不苟言笑。面对这样的人，很多人会感到无奈，不懂如何才能与他们进行畅快地沟通。其实，从心理学的角度分析，这种个性的人，比较注重自我，做任何决定总是喜欢三思而后行，他们不说话，多数时候也只是在思考或观察和考量别人的行为。通常情况下，这种类型的人，都有比较强的观察力和内省力，内心也比较敏感，与他们交往，除了遵循一般的交往原则外，你只需要对他们施予足够的耐心就可以了。

在洛杉矶一家商场中，一位外表忠厚、寡言的男子走进了一家男性服装店里，导购莫妮卡立即走上前去打招呼，说道："您好，请您随便看看吧，我们有很多刚到的新款衣服，很适合您的气质。"谁知中年男子眼皮都未抬一下，而是独自在边上看着。

莫妮卡有点尴尬，只好跟在他的后面，看他想选购什么。可是男子转了好几圈,还是什么都不说。莫妮卡心想:不行,我必须要跟他说点什么呀,让他开口说话,我才能知道他想要买什么!

这时,莫妮卡指着上衣专柜说道:"先生,您是要购买上衣吗?"

那位男士礼貌性地摇了摇头。

莫妮卡又指指男士的裤子,问道:"那您是要买裤子了?"

中年男子还是未开口,只是摇了摇头。

这下莫妮卡可犯愁了,一时之间也不知道如何做才好,这样下去一定会失去这个客户的。莫妮卡想了一下,然后咬了一下嘴唇立即拿定了主意。

只见莫妮卡指着店里的服装,向顾客讲起了自家服装品牌的设计理念,并且十分详细认真地将每一款的设计构思、材质选择,甚至有哪些名人已经选购的款式,都仔细地讲给顾客听。这位顾客在莫妮卡的介绍中一直静静地听着,时而点头微笑,时而低头沉思,可还是在整个过程中一句话都没有讲。莫妮卡一边心里打鼓,一边继续说,比如什么样的年龄适合什么样的颜色、什么样的身材应该选择什么样的款式、什么样的职业应该如何搭配服饰,以及什么样的场合应该穿怎样的衣服,等等。

这位顾客听完后恍然大悟一般,说道:"哦,原来搭配衣服也有如此多的学问!明天我要出国参加一次重要的会议,既然你懂得这么多,你帮我搭配一套适合我的衣服吧!"

莫妮卡一听顾客的请求,便高兴不已,最起码证明这个顾客有快要"搞定"的可能了。即便是这样,莫妮卡还是尽心尽力地对待,为了避免自己的失误或者出现什么纰漏,莫妮卡仔细地询问了顾客几个简单的问题。最后,在了解了顾客的需求和忌讳后,她为顾客搭配了一套合身的西装。

一个人之所以沉默寡言,一般有几种原因,一是真的不爱说话,不苟言笑;二是比较阴险之人。对于我们来说,无论是哪种类型的沉默寡言者，我们都要对其施予足够的"耐心"。因为这种类型的人，一般都会对华丽的话语免疫，对你推荐的产品要比对你感兴趣。所以在谈及自己的建议时要用平淡的口气，不要太过夸张地将与他要谈的内容交代出来。同时，也切记不要夸大其词或者嬉皮笑脸。要不然生意很容易就会没了。

当然，你在对这种人施予足够"耐心"的同时，还要积极尝试以下几种方法：

1. 问出对方的真实想法

在交流中，沉默寡言型的人话语很少，很少表达自身对周围的事与物的看法，对此，我们可以从其言谈举止中去推测其内心真正的需求。当然，你也可以通过询问的方式来揣测他的内心活动，在与他交谈的过程中，仔细地斟酌他每一句话里面可能包含的信息，然后，找到切入点攻破他沉默寡言的防线。比如，如果你的客户是一位沉默寡言型的人，那么你应该在寒暄过后拿出你公司的新产品、产品图等之类的，还有未来与之合作的相关设想或计划等，这些都是需要你提前准备的，这样，只要与他有密切关系的话题，他是不会太过于冷淡的。

2. 给对方以足够的考虑时间

我们在与沉默寡言型的人交往时，切勿一味地寒暄，而是要及时切中要害，尽量达到一针见血。同时也要注意言谈措辞，尽量将你与他交往的一些紧要或重点信息展示给对方，并且要明确地告诉对方，他应该重视的亮点或重点。当说完这些后，要给予对方暂时的沉默，将时间留给对方让他独立思考，而你只需要耐心地等待就好了，当对方有需求或有问题时，你再做回答也不迟。

3. 真诚地对待对方

沉默寡言的内向型的人虽然看上去不怎么好相处、性格冷淡，但实际上，他们也有自己的热情，只是别人不太容易发现罢了。只要你能够找到他们心中的燃点，用你热情的火种点燃他们，他们就会把自己的热情自然而然地展现给你了。

与顽固的人谈合作，学会适当晾一晾他

"他真的是个强硬的顽固派，道理讲了一大通，他听得也很明白，但就是死守着自己的原则，不改变主意。你看我嘴巴都磨破了，还是说不动他！"

在交际场合，很多人都会遇到强硬的顽固主义者。遇到这类人，只是着急是不行的，你要学会运用一些社交策略，先晾一晾他，既不搭理也不回应，或者可以含糊地告诉对方："你先好好考虑吧，我不着急……"

如此一来，原本很着急的你，就会变得镇定。你的这种"无所谓"的态度，很容易让对方乱了阵脚，在心中他们会七猜八猜：他们是不是找到了下家？他们的价格是不是真的压到最低点了？与他们合作，是不是真的没有任何回旋的余地了？

几天后，他们也许便会主动示意你："你们的条件，我们认真考虑了，还是可以再商量的。"一旦对方这样表示了，接下来你就不要再僵着了，就该真和他们谈合作了。如果再拖下去，也许合作就真的泡汤了。这便是心理学上的"以退为进"原则。恋爱中，女人用此法，可以让你中意的男性来追求你。而在商业合作中，运用此法，便很容易为你赢得生意上的合作。在生意场上，当你与一个固执的生意伙伴谈合作，你努力争取的时候，就会把对方的自信心推到最高点，对方会觉得：你急于与他做成这笔生意，觉得自己的条件给得太过宽松，就会觉得应该再等

等看，说不定还有更好的合作对象呢。

在这样的情况下，你若再对他们穷追不舍，会造成对方的心理膨胀感。但若此时，你突然放手，先稳住自己，学会不失时机地晾一晾他们。一段时间后，当他们的自信心降到最低时，便自然会回头找你。这个时候，你再与他们谈合作，就会容易得多。

"哦，你知道吗，我的合作对手十分固执强硬，在交涉过程中，屡屡给我出各种各样的难题，是不是对方有意不想和我合作，或者反悔呢？真的担心这批生意谈不下来。"默尔本在早上离开公司时，便向他的同事抱怨道。今天，他要继续去与他的这位固执的客户交涉。对于默尔本的抱怨，吉尔给出建议道："对于这种强硬的家伙，你何不试着适当地晾一晾他呢，暂且别去理他，不久，他就会不停地担心你会另找其他人合作。等他心理折磨到一定程度时，便会主动来找你合作了。"

默尔本觉得吉尔说得有道理，便按照他的方法去尝试。果然不出所料，一周后，那位顽固的家伙便忍受不住内心的煎熬，给默尔本打电话了，并趁此机会，他一举拿下了这位难缠的合作伙伴，促成了双方的合作。

对于此，我们要懂得，让对方等待时，一定不能让他等得太久。任何事情经过这样小小的"发酵"过程，就会有不一样的味道。

人的一生，都是在不断追求"自尊心满足"的过程。当然，任何人的自尊心，都并非是一成不变的，也许外界的一个细微的变化，便能让你内心的"自尊"二字发生不一样的变化。

在生意场上，如果你想与一个固执的人谈合作，那就一定要不失时机地晾一晾他。这是你赢得与他人合作的一个不错的方法。另外，我们还应做到以下几点：

1. 与固执的人交谈时，要注意自己的言行与举止，否则，你无意间暴露出来的某个小动作，或某个眼神，都可能让对方产生不满情绪，甚至与你发生冲突。建议你在与这类人交谈时，尽量将行为举止放得端正一些，不要过分地轻浮，亦不要过分地讲究。

2. 与固执者沟通时，应学会专心交谈。固执的人最大的特点是自尊心过强，若你在与其交谈时，总是左顾右盼，心不在焉，很容易让对方有一种不被尊重的感觉，你的这种行为有可能会激怒对方。因此，在与他们交谈时，尽量做到专心、专注。

3. 学会变通。要知道，固执者最大的特点就是过分地坚持自己的意见，有些事情一旦被他们认定，是极难得到改变的。若此时你强行地将自己的观点灌输给对方的话，很容易会让对方变得厌恶与烦躁。为此，你在与这类人接触时，应当学会通过一些方法来间接地让对方接纳你的观点，如通过书信或者让他人老师去劝说等。

4. 学会倾听。与固执者交谈，你若总是滔滔不绝，或者三句两句便敷衍了事的话，很容易会让对方觉得你不尊重他们。所以，我们要学会倾听，即给对方以充足的时间来表达意见或观点，应尽量做到认真倾听，友善地发表自己的意见。

与急性子者交谈：讲话说关键，别婆婆妈妈

急性子的人，也是交际场合经常遇到的。这种个性者，一般比较缺乏耐心，着起急来，恨不得一下子就将要完成的事情做完。从心理学的角度分析，在商场上，80%以上的急性子型人很容易一次性与人达成合作或意愿，因为他们的性子比较急，所以他们也是最容易达成交易的人群。但这也并非是一件好事，因为急性子者，情绪波动比较大，喜怒无

常，性情暴躁，经常任性妄为，所以也很容易因一件小事或一个小细节做出决定，紧接着也会很轻易地改变主意。

销售员："路易丝太太，对于这款洗衣机您感觉如何呢？"

路易丝："哦，很不错，相当好！"

销售员："是呀，这款洗衣机的性能非常好，它的电机是从德国进口的，并且有着非常不错的烘干系统，你当下刚洗好的衣服，只要放进这个烘干筒中，就会立即被烘干，不会影响穿着，非常方便。而且，它采用的是数字式控制的，在洗的过程中，不会影响衣服的质地，关键还省水。"

路易丝："哦，是的，性能确实不错。"

销售员说："这是一款高端的洗衣机，在目前市场上属于顶尖水平，它不但能够……"

路易丝："那它的价格是多少呢？"

销售员："因为这款洗衣机的性能非常好，所以它的价格相对其他的洗衣机稍贵了一些，性能高所以成本也高嘛，但它的性价比还是很高的，洗衣效果绝对一流，会为你节省很多时间……"

路易丝："那你告诉我它需要多少钱吧！"

销售员："是××元。您如果买了这款洗衣机，可以享受除了一般洗衣机可以享受到的售后服务外，还能得到……"

路易丝："嗯，行了，那你告诉我到哪里可以付款吧……"

急性子的客户，一般缺乏耐心，所以与他们沟通时，最好能直截了当，把话说到关键点上，切勿婆婆妈妈，惹人厌烦。

一般来说，个性急躁者，可分为两种，第一种是比较任性，他们想做什么就做什么，对于这样的人，你要做的就是顺着他们来，找他们最为得意的话题，如果你要想和他们达成合作或交易，那就要主动给他们推荐他们最需要的产品。第二种是天生的急性子,对于这样的人,我们切勿急于求成,尤其是在与对方谈合作或者交易时,而是应该静下心来向他们介绍产品的各个方面以及性能。

总之,对于急性子者,你无须过多地寒暄和开场白,而是应该说关键,最好先说结论,之后再详细地讲述缘由,这样才会给对方留下一个极好的印象。另外,与急性子者交际,你还要注意以下两点:

1. 很多时候,急性子的人说话就像炒豆子,噼噼啪啪的,让心理素质不高的人受不了,也会招来许多人的讨厌。但是急性子的人多是心直口快,不喜欢耍心眼儿,比较容易相处,我们应该对其多一份认可,少一份排斥,要看到其优点,想到其好处。

2. 性格急的人总体上是不错的,他们为了工作的快速完成而加快了速度,为了学习成绩的迅速提高而废寝忘食,为了生活的改善而忘记了休息,他们的这种精神是值得表扬和肯定的。所以,我们在与其交往的过程中,要多看到他们身上的优点和好处,少去计较他们身上的缺点和劣势。

与博学型的人相处:提升你的专业素养

在交际场合,我们通常会遇到一些"博学型"的人,他们有着不凡的谈吐、博学的知识,他们通常有着比常人更缜密严谨的思维,所以对与之交往者的应变能力也是非常强的。

一般来讲,这种"博学型"的人,其交谈的话题十分广泛,而且还对某个方面的知识很专业,书生意气浓。在生意场或销售场上,这类人对自己要合作的意向非常清楚或要购买的东西非常了解,并且在与人交谈中，他们通常都有着比常人更为清晰的想法，会更加冷静清晰地思考你所说出的话，对你提出的问题也能一针见血地给予回答。那么，遇到这种类型的人，最好的应对策略，就是事先了解对方所熟悉的知识点，然后再针对性地去提升自我的专业修养，这样才能找到共同交谈的话题。

销售员：亲爱的哈尔先生，你看一下我们公司最新推出的这类产品吧！

哈尔：产品的性能如何呢？

销售员：您可真有眼光，这可是我们店里面性能最好的产品了。

哈尔：这款产品与其他同类产品相比，优势在哪里呢？

销售员：这款产品的内配设置都采用世界最先进的装置，外观也都是由专门的设计师精心设计的。

哈尔：采用的是什么先进的装置呀！又是哪位设计师设计的呀？

销售员：这个嘛，我还真不是很了解！

哈尔：你都不了解，你给我说性能很好，这有点可笑哦！

销售员：嗯，哦，那您觉得它怎么样呢？

哈尔：那我再看看吧。

对于博学型的人，你如果没有过高的专业素养或专业知识掌握得太少，就很难使他们对你所说的话或介绍的产品心服口服。对于这样的人，尤其是在与对方谈合作时，你需要提升你的专业素养，将产品的知识掌握得更为全面，从而在回答对方的刁钻问题时，就不至于那么尴尬难堪。当然，这也是决定你能否与对方进行畅快沟通的关键所在。

当然了，要与这类人沟通，还有一个诀窍就是耐心地向对方请教，认对方为"老师"，以满足对方的"为师欲"，从而使你们的沟通更为畅快，进一步达成交易。

另外，与博学者交往，你还需要注意以下几点：

1. 端正心态。面对对方的博学多才,你切勿妄自菲薄,要自尊自信。因为妄自菲薄很多时候就成了谦虚过度,显得你缺乏诚意和真心,会令人反感。

2. 在交际场合,有些人为了引起博学型人的注意,进而达到交往的目的,会卖弄自己的才华。事实上,除非你自己才华横溢、学识卓越,不然这种方法最容易让人对你产生"浅陋、浮夸、卖弄"的印象,使人对你生厌。

3. 与博学者结交,要想引起对方的注意,你首先需要学会倾听,认真细心地倾听他们的言谈,抓住能够表达自己的机会偶尔插话,这样一方面能够引起他们的注意,另一方面能避免言多必失的情况,防止自己的浅陋一面过多地暴露在别人面前,反而讨人嫌。

4. 博学型的人,对事物表达与辩论时,思维清晰,逻辑严密,客观理性。因此,跟他们交流,尤其是争论辩论时,言语表述要做到逻辑严谨,叙事客观理性,不要太偏向感情用事,否则很可能会招人厌烦。

与标新立异型的人结交:要对其"个性"给予赞赏

一位年轻时尚型的女士来到一家饰品店,准备给自己挑选一款比较合适的项链。她边走边看,终于在一件设计比较新潮、个性的项链前停下了脚步。销售人员见状就走上前对她说:"小姐,喜欢的话可以试戴一下。我看您的皮肤白皙,身材又比较高挑,这款项链一定可以突显出您的高贵气质来。"

这位年轻的女士便戴上了,照着镜子,脸上露出了满意的笑容,并询问销售人员项链的价格。销售人员回答说:"2500美元,因为店庆的原因，如果您现在购买的话，可以给您打九五折，我看这款项链真的特别适合您，建议您购买一条吧！"

年轻的女士立即下单说："好吧，在哪里可以刷卡？"

销售人员见生意如此爽快地谈成，心情极为高兴，微笑着对女士说："小姐，您可真有眼光，这是我们店卖得最火的一款，很多人都喜欢这种款式的。"

"哦？是吗？"那位女士听了这话之后，沉默了一会儿，然后便微笑着对销售人员说："不好意思，我想我还是不要了吧！"

好端端的一笔生意，究竟是什么原因令那位女士改变了主意呢？究其主要原因就是销售员没有弄清楚客户的类型而说错了话。很明显，那位女士是位标新立异型的人，穿着都讲究与众不同，这种类型的人最无法容忍的就是与其他人穿着一模一样的服装。

从心理学的角度分析，标新立异型的人，其行为、说话与穿着打扮都要求与众不同，非常讲究时尚，且能够从他们的衣着上看出潮流的影子。与他们交谈时，他们总能表现得朝气蓬勃，因为他们谈话时眉飞色舞，肢体语言相当丰富。与他们交谈，他们的话题会跟工作不搭边，他们喜欢抒发感想，对奇闻轶事等一些新鲜时髦的话题比较感兴趣。他们的个性比较自由，想法也很多，喜欢广交朋友，很善于处理人际关系。他们的行为不拘小节，所以迟到是司空见惯的事情。

与这种类型的人谈生意或合作，你会发现他们根本不会在意你产品本身的质量以及特性，他们关心的问题是谁在用它，如果他们的朋友或者是同行业的竞争者在用你的产品，那么，他们很有可能会购买你的产品，因为这种类型的客户往往会将购买活动当成是体现其地位以及身份的象征。要知道，很多标新立异型的客户在购买名牌产品的时候，其往往会忽略其产品的使用功能，而是更关注其产品是否能体现其身份。

与标新立异型的人交谈时，一定要有极好的口才，你要换一种沟通方式，话题一定要广泛一些。在谈话中，你最好能表现得口若悬河，并适时对对方提出的话题给予肯定和补充，能够找到话题的"新鲜点"，让对方觉得你是个博学之人，进而引起他们内心对你的崇拜，此时你适时地加入一些时髦话题，那么就很容易引起他们的好感。除此之外，你还需要做到以下两点：

1. 与标新立异型的人交谈时，一定要注意气氛的渲染，因为在欢乐、畅快的环境中，他们很容易能放开自我，与你敞开交谈。

2. 从心理学角度分析，标新立异型的人都有追求独特的心理需求，他们渴望自己的这种需求能得到别人的尊重，希望通过不一样的话题、穿着打扮来彰显自己的与众不同。因此，我们在与他们进行交谈时，一定要先认同他们的独特个性，比如你可以说："女士，这件衣服真有个性，让你有一种与众不同的感觉"，"您可真有眼光，这件衣服是新上市的，您可是第一个购买的"等，当他们听到类似这样的话时，一定会非常高兴的。

第三章
洞察心理：先读懂人性，再平衡好人际

心理学是一门观察人类行为并通过实验分析人类心理活动的学问。而人类的行为模式和思维倾向都有"趋向类同"的特点。为此，社交场上的交际达人，会通过对这种心理学知识的学习和研究，弄清楚别人在心里想什么、想做什么，然后再做出让对方感到贴心的举动或行为，平衡好人际，与他人构筑良好的人际关系，获得良好的人缘。

当然，要吃透对方的心理，就要从其说话的内容、声音、口头禅等这些信息中去推测其内心的真实想法，然后再有的放矢，解开对方的"心结"，再赢得对方的好感。

对方眼神里的"百样心事",你能否读懂

在交际中,很多时候我们说话会招人厌烦、得罪旁人甚至惹怒别人,其不在于我们不善表达、沟通能力差或者笨嘴拙舌,而在于我们不了解对方的心理。要知道,人是容易受情绪影响的。人在不同的情绪中,其能接纳的话语也是不同的,所以,要想做一个交际高手,就一定要在开口前,先去读懂对方的心理,再说合时宜的话。否则,不仅会吃力不讨好,还会让你得罪了人还搞不清楚问题出在哪里。

费城的阿道夫·塞尔兹先生是一家汽车展示中心的销售经理。他口才很棒,工作能力也经常受到同事和上司的称赞,对此,他也感到扬扬得意。于是,每当与别人谈及他的工作业绩时,便会滔滔不绝,得意之情溢于言表。

有一次,阿道夫·塞尔兹与几个朋友在一起吃饭,一是为了深化朋友间的感情;二是想借此机会就目前的市场情况进行一些讨论,以便制定合理的工作安排。

但是,席间半瓶高酒精度的威士忌一下肚,阿道夫·塞尔兹便开始口不择言了,加上刚做成了一大笔订单,忍不住就开始大谈他的捞钱经历和销售功夫。谁知,在场的一位朋友是公司的销售经理,看到阿道夫·塞尔兹滔滔不绝地讲话,面色极为难看,低头不语。他一会儿去洗脸,一会儿假装去厕所,最后饭没吃几口,就找借口提前离开了。原来,这位经理最近因为销售业绩提不上去,降了职。

后来，阿道夫·塞尔兹自己也感觉到那位曾在一起喝酒的经理对自己冷淡了许多。两人关系日渐生疏，到最后也慢慢地与他断绝生意上的来往了。

阿道夫·塞尔兹尽管是个能言善辩之人，但因为不懂得察言观色，说了不合时宜的话，让他失去了友谊。可见，在开口前看懂人的心思是多么重要的一件事，它是让你成为说话高手的基础。那么，我们在开口前，如何才能看懂人心里的秘密呢？除了察言观色，最重要的是要看他的眼睛。

心理学上指出，眼睛是心灵的窗户，就是说，我们通过审视一个人的眼睛便可以破译一个人的心理密码。其实，要通过"窗户"去看穿心灵，重点要去审视一个人的眼神。

如果对方眼神忧郁，目光向下，说明他心里藏有不为人知的伤心事，这个时候，你就不要再在对方面前大谈自己的得意事了，而是要说些宽慰人心的话，以让对方得以舒心。

如果对方眼神空洞无光，说明他对你说的话不感兴趣，这个时候，你就要学着换个话题了。如果对方瞳孔自然放大，说明他看到或听到了自己最喜欢的东西，有可能他已经对你产生了兴趣，或喜欢听你的诉说。如果对方目光突然离开，表示他对某物或某句话产生了排斥或者厌恶感，这个时候，你就要注意你的说话方式了。

爱默生说："人的眼睛和舌头所说的话一样多，不需要字典，却能从眼睛的语言中了解整个世界。"一个人的眼睛里，往往藏着许多不为人知的秘密，你只要读懂了它，便能找到打开对方心扉和赢得对方好感的金钥匙。

先抓住对方的"心理特点",再运用语言艺术

有时候,要去说服或者要求某个人依自己的要求去做,无论是直接或者是间接,都不能极好地达到目的。但是这个时候,一个口才大师则会通过观察分析去抓住对方的心理特点或者心理需求,再利用语言艺术,最终使问题迎刃而解。

维也纳市的妇女都喜欢戴一种高帽子,一次,在戏院中看戏,妇女戴的高帽子挡住了后面人的视线,虽然戏院相关负责人一再提醒妇女们脱掉帽子,但是仍旧有妇女毫不理睬。

这个时候,一位女演员走上了戏台,对下面的观众说:"亲爱的女同胞们,本来按照戏院的规定,看戏的时候是不能戴帽子的,但是说明一下,年老的女士可以不用脱帽。"

刚说完,台下的女士们便开始纷纷地脱帽子了。

每个女性都希望自己是年轻的,而非是年老的。女演员正是抓住了女性的这一个心理特点,然后以一种不动声色的方式,对女士们的内心进行了进攻,迫使她们不得不将帽子脱下来。所以,在现实生活中,我们完全可以通过抓住人们的心理弱点,去达到说服的目的。

威森是一家杂志社的编辑,他的工作任务就是向那些有潜力的作者去约稿子。一次,他在网上发现了一个有潜力的作者,想向对方约稿。但对方却说:"真不好意思,这段时间的确太忙,时间不充裕,仓促之间写出来的东西,恐怕会很差,怕影响贵杂志社的声誉。你还是去找那些比较空闲的人吧!"

威森说:"不,不,不,那些整天空闲没事的人,写出来的东西不见

得比您仓促之间写出来的好。您的文章，我已经全部都读过了，您就当下问题提出的一些观点确实很深入人心，很适合我们杂志社刊登，望您能抽出一点点时间，为我们写一篇！"

听到威森这么一说，对方的虚荣心便长了起来，非常豪爽地说道："既然这么说，那我晚上加点班写一篇吧！"

自古以来"文人相轻"，每个人总是认为自己写的文章是最好的，别人都没有自己写得好。那个作者当然不愿意承认自己写得不好，而且威森的话也肯定了对方文章的质量，即便是挤时间写一篇，想必对方也不会马虎应对了。

其实，这种说服人的技巧就是利用了人性的弱点，比如女性就不愿承认自己老，文人就不愿承认自己没才华，小孩子就不愿承认自己不勇敢，老人不愿承认自己无用……每一种人都有自己的心理弱点，每一个人也都有自己的心理弱点，只要抓住这个弱点，就可以轻松地说服对方。

当然，对交际中的我们来讲，要抓住一个人的心理弱点，并非是一件易事。但我们可以从人性的角度出发，去了解人性最普遍的弱点，然后再运用语言艺术，避免社交"雷区"。比如，以下四点便反映出了人性的普遍弱点：

1. 一个人炫耀什么，说明其内心缺少什么。

2. 一个人越是在意的地方，就是最令他自卑的地方。

3. 人都有以第一印象定好坏的习惯，认为一个人好时，就会爱屋及乌；认为一个人不好时，就会全盘否定。

4. 人往往会允许一个陌生人的发迹，却不能容忍一个身边人的晋升。因为同一层次的人之间存在着对比、利益的冲突，而与陌生人不存在这个问题。

逢物往"贵处说",逢人往"年轻讲"

生活中常会出现这样一种情况:

你买了一件呢子大衣,市场行情是300元左右,在你极力地讨价还价下这件衣服只花了150元,当你向朋友们展示这件衣服时,如果有人说:"起码要300元吧,上次我在商场里看到过这样的衣服,标价还挺高的,再加上质量也挺不错的!"想必这时你的心里一定非常舒服。如果有朋友说:"你买的真不值,我觉得最多100元,这种料子又不是很好。"想必你一定会很不开心,觉得对方真不懂行情。

"遇物往贵处说"和"逢人往年轻讲"是在交际中人们乐于接受的普遍心理。在日常生活中,有一些赞美他人的技巧是非常简单,但又是非常实用的。这就是物往贵处说,人往年轻讲,如果能够经常恰当地使用它,一定会为你人际关系的融洽度增色不少。

每个人,尤其是女人都渴望自己善于购物,因为在她们看来,能用最少的钱买到上乘物品是精明能干的一种表现。人们日常购物的普遍心理是,自己能够用"价廉"购得"物美",通常那些善于购物的人都具有用低价买好货的本领。

但是,即使不是购物的"精明人",也会希望自己能做精明人才能做的精明事,即使自己不是善于购物者,但还是希望自己的购物能力能够获得别人认可的。

艾伦·史密斯花200美元购买了一件羽绒服,正在家里试穿。正好,她的好朋友劳拉来她家里做客,她看了一下史密斯的这件羽绒服,不由得赞叹道:"真是美极了,和你真相配。这衣服100美元应该可以到商场买一件吧!"听完这样的话,史密斯原本兴奋的脸一下子拉了下来,呈现出不高兴的神情。第二天,史密斯穿着它到办公室,她的一位同事不由得赞叹道:"这衣服真好看,得花四五百美元吧?摸着就挺暖和的,看起来也显高档!"史密斯听到同事这样夸赞自己,便笑道:"正好碰到元旦打折,花200美元就买下来了!"

物往贵处说固然能够让对方心花怒放,但是也不能太过高估,以免让人觉得很虚假。就像"逢人减岁"一样,每个人都希望自己年轻漂亮,尤其是对一些上了年纪的女人来说,这样的赞美会让她们开心不已,但是夸人年轻也要看对象,如果你贸然夸小孩子年轻,反而会引起他们的不满,因为他们都希望快快进入大人的世界。

陈太太才38岁,整天忙着服装店的事也没怎么注意保养自己,她最讨厌别人说她年纪大。一天,陈太太去批发市场批发服装,一个年轻的女孩走过来说道:"阿姨,您要拿点什么样的货,这都是今年的新款。"陈太太哼了一声就往前走去。到了另一家批发商那里,一位小姑娘连忙迎过来:"陈姐,今天需要什么样式的,我们刚拿回来不少新样式。"陈太太的心情立马好转,这边看看,那边摸摸,批发了不少衣服。

"物往贵处说,人往年轻讲",说白了就是投其所好。当然,我们的出发点是光明正大的,我们的这种"投其所好",无论是对自己、对对方还是对社会,都是没有害处的;相反,这种社交技巧往往能给对方带来欢乐。对于这样的"美丽的错误",大家又何乐而不为呢?这种不显山不露水的赞美,往往能使陌生的关系迅速拉近,熟识的人更加亲密融洽。当然,当你在使用这种社交方法时,也需要注意以下两个方面:

1. 遇物"往贵处说"是没错,但是你出口的价格不能太过离谱,否则会让人觉得你内心虚伪,你是在故意地恭维自己。

2. 逢人"往年轻讲"也没错,但是在你大概评估出对方的实际年龄时，出口的年龄也不能太过离谱。为了不使对方对你的"赞美"产生怀疑，你可以具体地说出对方年轻的原因，比如说，对方保养得好，丝毫看不出有任何的眼角纹，比如对方很懂得穿衣法则和技巧，把自己装扮得很年轻等。

人人都想被重视：让对方获得"成就感"

法国哲学家罗古法古说："如果你要得到仇人，就表现得比你的朋友优越吧；如果你想得到朋友，就要让你的朋友表现得比你优越。"说的是在社交中，要摆正姿态和态度，切勿锋芒毕露，要懂得收敛锐气，如果你过分地显摆自己的才能，只会招来别人的忌恨。

从心理学角度分析，被重视、重用、尊重，甚至被崇拜，是人类最基本的心理欲求，因为那种"成就感"能为他们带来心灵的满足与愉悦。所以，要想在交际中赢得他人的欢迎，就要想方设法去让对方感觉到，正是因为你的存在，增加了他的"价值感"。

在日常生活中，相信每个人都经历过这样的事情：当你的同学、朋友向你请教各种问题，认真听你讲解的时候；当你的下级一脸崇拜地要你传授经验的时候，无论你心情如何，多么繁忙，都会满面笑容地解答他们的疑问，并且心中感到非常满足。

仔细想一下你的这种亲身体会就会发现，成就感在每个人的心中是多么根深蒂固。别人向我们虚心请教，就表示我们在某些地方出众。在别人向我们请教时，心里不由自主地就会涌起一股自豪感和愉悦感，它不仅引导着我们的心灵，还主宰着我们的理智。相信每一个拥有健康心灵的人都会喜欢这种感觉，享受这种优越感。

每一个人都乐于别人向他请教，都具有好为人师的一面。要交朋友、求人帮忙，就要充分利用对方好为人师的特点，利用得好，就会赢得对方的好感，事情就会办得又快又好。

长岛的一位汽车商人，利用赞美和请教的技巧，把一辆二手汽车成功地卖给了一位苏格兰人。

那个苏格兰商人想买一辆二手汽车，这位汽车商人带着他看了一辆又一辆车子，但他一会儿说这儿不适合，一会儿说那儿不好用，价格又太高，这笔生意一直没有做成。这位汽车商人思索了很长时间，决定停止向那位苏格兰人推销，而让他自动购买。

几天之后，当有一位顾客希望把自己的旧车子换一辆新车时，这位汽车商人就有了新的办法。他知道，这辆旧车子对那位苏格兰人可能很有吸引力，于是，他打电话给苏格兰人，请他过来一下，特别帮个忙，提供一点建议。

那个苏格兰人来了之后，汽车商人说："你是个很精明的买主，你懂得车子的价值。能不能请你看看这部车子，试试它的性能，然后告诉我这辆车子应该出价多少才合算？"苏格兰人的脸上泛起了灿烂的笑容，因为他的能力已受到赏识。他把车子开出去试了试，然后开回来。"如果你能以3000美元买下这部车了，"他建议说，"那你就买对了。""如果我能以这个价钱把它买下，你是否也愿意买它？"这位商人问道。3000美元，这是他的主意、他的估价。这笔生意立刻成交了。

在需要他人帮忙的时候首先满足他的虚荣心是一个不错的切入点。要求别人帮忙时，你不这么做是不行的，如果你表现得比对方还要出色，对方就会在心理上产生一种挫败感，心态不好的甚至会对你产生反感，这样一来，该帮的或不该帮你办的事就都办不成了。

每个人都有他的长处和短处，对方再不济，也会有出色的一面；你资质再高，也有不如人的时候。所以，不管是在平常的人际交往中，还是在与领导同事相处的过程中，常在某些方面表现"差"一点，多向他人请教，这样不仅让他人感到心情舒畅，有被重视的感觉，同时也是你获得好人缘的最好方法。当然，在做这些之前，你需要注意两点：

1. 你想拜对方为老师，想"甘为人徒"，就要事先了解对方所擅长什么，或者说，清楚对方的优势在什么地方，然后才能有的放矢，使你们之间的交谈变得更为自然、畅快。

2. 在拜对方为师时，态度要谦和，同时要注意聆听，不要插话，否则会给人一种不尊重的感觉，这样才能真正地激发对方内在的"成就感"，从而更愿意与你相交。

在交谈中，透视对方隐藏的"心理"

在交际中，我们每天要面对各种各样的人，有的人能为你带来好运或者快乐，有的人则会让人感到头痛或者麻烦。实际上，要赢得社交的成功，你一定要在交谈中看出对方内心隐藏的"心理"，这样才能在"知己知彼"的基础上，做到"百战不殆"！

从心理学的角度分析，在交际场合，每个人所说的话语都潜藏着自己的目的，或者是他们内心意愿的表达，或者是他们谈判的策略，或者是顾左右而言他，只有善于透过对方的言谈来识破他们的内心机密，才最为重要。

1. 爱对他人评论的人，一般忌妒心比较重

在交谈中，经常评论他人的人，通常心胸都比较狭窄，忌妒心也比较重，人缘也不怎么好，内心孤独。

露西莉经常谈论别人的缺点,而且每次说得都极为准确。在朋友科里科娃眼里,露西莉是个思维敏捷、眼光犀利、看问题视角极为独特的人。可有一次,科里科娃发现,自己的这位好朋友也经常当着别人的面大肆谈论自己的缺点,那一刻,科里科娃觉得,她们之间根本不存在什么友谊。同时,如果仔细分析她对别人的那些"恶毒"评价,完全是一个失败者出于羡慕而产生的忌妒心理,她在不断地通过讥讽、嘲笑别人的缺点来满足自己的虚荣心。

的确,正如科里科娃分析的那样,一个总爱评论别人,抓住别人缺点不放的人,容易因羡慕而产生的忌妒心理。这样的人,一般心胸都较为狭窄,与这样的人打交道,你要懂得捧着他们,并以一颗宽厚、仁和的心去包容他们,尤其不能与他们斤斤计较,否则会将局面搞得很僵。

2. 说话总带有暧昧口气的人,一般很喜欢迎合他人

这样的人,其说话不够明朗,既可以做出这样的解释,又可做出那样的解释,给人含糊其辞的感觉。很显然,他们奉行圆滑处世的哲学,对外界的警惕性极高,懂得如何保护自己与如何利用别人,不愿意吃亏。面对这样的人,我们就要多留心,不可急于求成,必须要掌握机变的处世之道。有时候,我们也可以以静制动,让他们自己露出破绽,从而找到进攻的机会。

3. 爱与人唠家常的人,一般是想与你套近乎

在与一个人交谈时,如果对方先是与你谈一些家长里短,这表示他想了解你的实力,侦察你的本意,试探你的态度,然后准备转入正题。这种人通常是极有心机的谈话对手,我们可以利用他们想套近乎的心理,与他们建立对话机制,找到其真正的意图是什么,然后在良好的沟通中建立利益细节,实现赢单的目的。

4. 说话突然避开某个话题的人，内心潜藏着其他的目的

当谈论到某个话题的时候，对方突然间就将话题转移到了另一个话题上，这种突如其来的变化，让人感觉极为诧异。对方变换话题，可能他对原来的话题心存芥蒂，不愿意跟你谈论；或者是对方在谈论中说错了话，怕接下来不好收场；或者对方是在逃避什么东西，等等。对方转移话题之后，便可以尝试着探探他的口风，如果他拒绝再谈，或者有生气的意思，那么我们就要懂得适可而止。但是，事后你要仔细地分析中间可能发生的状况，争取从中发现有价值的信息。

5. 武断地去评价他人的人，一般都有心机

在交际中，如果一个人经常对某个人做出评价，或者对某件事情发表自我的看法，而且，他们的论断往往极具道理，甚至会让你眼前一亮，这说明，对方是一个有见地的人，能够对人与事保持独立的看法。我们要与这样的人交谈，就要从其话语中推测其中蕴含的玄机，不能因此而影响销售工作的开展。

6. 恶意责备他人的人，往往有较为强烈的支配欲

有的人常爱抓住别人的小毛病小题大做，并且还横加指责，这种人对他人往往表现得尖酸刻薄，自尊心较强，具有极强的支配欲。这种人比较顽固，自己认定的事，别人很难改变他的固有想法。因此，在相处中，我们切不可强硬地向他们推销自己的产品或者服务。最佳的策略就是以柔克刚，通过间接、柔性的手段进入客户的内心，避免碰钉子。

7. 说话不断改变自己的观点、见风使舵的人，情绪极不稳定

在交际场合，我们常会遇到一些毫无主见的人，总是变来变去。有时候，别人开出了极具诱惑的条件，他们便会马上改变自己原本的计划，重新制定标准。即使你跟他们是熟人，他们也会毫不留情地撕毁约定，只为了那一丁点的蝇头小利。面对这样的人，你要先给足他们利益，然

后再求合作。

8. 爱发牢骚，遇事总爱抱怨的人，心眼儿比较小，对人不够宽容

爱发牢骚，遇事总先抱怨连连的人，多数是自视清高者，因为自身的优越感无法满足，其就会通过抱怨来宣泄内心的不快。当这样的人陷入被动的局面时，总是会唠叨不停，用来说明自己有多么无辜，好似吃了很大的亏一样。与这样的人相处交谈，你最好能让其处于主动的地位，以博得他们的开心。同时，当他们发牢骚时，你也不必将其放在心上，只需要按照原来的计划进行即可。有时候，你也可以安慰他们一下，以此来拉近彼此间的距离。

从"口头禅"中窥探对方的内在心思

一位知名人类行为学家曾说："人类有两种表情，一种是脸上所呈现的表情，另一种是说话时对方所传达的信息。"可见，语言是人类的第二表情。特别是人平常所使用频率最高的口头禅，就是心灵的莫尔斯电码，具有某种心理投射功能，能够在一定程度上揭示说话者的内心世界。

例如，早上上班后，大家都在忙手头上的事情，而凯琳则在网上悠闲地看八卦新闻，突然，她来了句："凭什么呀！"在场的其他同事都以为网上又有什么新的"猛料"了，就赶紧过去看，却发现是凯琳的电脑突然死机了。

其实，以为又有了什么猛料的人不明白凯琳这句话只是她的一个口头禅，其所表达的意思就是：事情不应该是这样子的，但却这样发生了。

凯琳之所以有这样的口头禅，是看不惯那些与自己意愿相悖的事，并以重复出现的这句口头禅来鸣不平，缓解郁闷。

由此可见,口头禅是人潜意识的条件反射,是人在不经意间透露的个人信息与个人性格。它表达人们对事物的一种看法,是外界的信息经过人的心理加工形成的一种固定的语言反射模式,当现实中出现类似的情形时,便会脱口而出。

凯西去见一个客户,想让他买一套办公设备。到了客户家里以后,凯西先向客户介绍了这套办公设备的特点,之后就与对方聊了一会儿。

在交流的过程中,凯西发现,对方说话的时候,每隔两三句就带出一个词"听说",比如对方对她说:"你是乘地铁来的,不过我听说……""我也想出去旅游,但是听说……"由此凯西就判断出对方之所以用此类口头禅,是想给自己留有余地。凯西知道,这种人的见识都较广,但是决断能力却很弱。

于是,凯西对客户说:"我们公司这套设备综合了许多大设计师的设计优点,在同行业中处于领先地位,而且价格也很合理。从您的言语中我看出您是一个见多识广的人,因此,我不会欺骗您的。这样吧,我给您一个九折的优惠。"

客户听到凯西这样一说,便犹豫了一下。凯西马上说:"用了这套设备,保证公司员工能够提高工作效率,时间就是金钱呀!这样吧,明天我给您送过来,您先试试!"

客户说:"好吧,我相信你。"

凯西从客户的口头禅中获悉对方的性格特点:见多识广、犹豫不决。然后就紧紧抓住这两个特点对其进行说服,首先介绍产品的优点,然后夸赞对方见多识广、不会受骗,最后使客户果断地做出决定,买下了产品。

其实,人们之所以会说口头禅,通常都是生活重大事件对人长期影响的结果,比如幼年突然丧失亲人时的打击。口头禅不仅源于生活,而且还影响生活。积极的口头禅可以让人奋进,比如"我能行""真好"

等,而有些口头禅则会对人产生消极的影响如"真扫兴""我太倒霉了"等。

从对方的口头禅中,我们大致可以了解他的性格特点。

比如"说真的""老实说""的确""不骗你"等,这样的人有一种担心对方误解自己的心理,因此性格有些急躁,心理极容易因为一些小事而失衡。他们会十分在意对方对自己所陈述事件的评价,所以一再强调事情的真实性,经常期望自己在团体中能够被认可,并得到很多朋友的信赖。

又如"可能是吧""或许是吧""大概是吧"等,说这种口头禅的人,自我防卫本能极强,他们不会轻易将内心的真实想法完全地暴露出来。在处事待人方面也极为冷静,所以其在工作和生活中有很好的人缘。

"但是""不过"等口头禅,一般是为保护自己而使用的。它因为显得极为温和、委婉,所以,从事公共关系的人经常用这类口头禅。

"我晕"是很多人经常说的一句口头禅,无论 MSN 在线,还是在职场,或是私下聊天,"我晕"都随处可见。常用这类口头禅的人只要事情不是预计和想象的那样,都会"晕"。其实问题一般都没那么严重,但是对方总是习惯于将其夸大。这类人一般情况下性格都较活泼、坦诚,不隐讳个人感情,但容易意气用事。

总之,在与人交流时,从舌间不经意流露出的一句口头禅,听起来偶然随意,但其实与其潜意识仓库有着千丝万缕的瓜葛。所以,在交际场合,只要我们悉心倾听,便可以从对方的口头禅中解读出其内心世界。

听懂对方声音中的"弦外之音"

身为销售员,免不了要与客户说话,但是要读懂客户的心思,除了要从他的话中揣测他内心的真实想法外,还要懂得从其声音判断其内心。从心理学的角度分析,听人的声音,做到闻其声而知其人,进而了解客户内心的真实想法,那么与之沟通就会有的放矢了。听话听音的学问,可以从中国历史上的"杯酒释兵权"这个故事中得到启发。

宋太祖即位后,手握重兵的两个节度使起兵反对朝廷,后来,经过艰苦的斗争才平定下来。这件事情给宋太祖很大的警示,他找到宰相赵普商量对策。赵普说:"藩镇权力太大,就会使国家混乱。如果把兵权集中到朝廷,天下可能就会太平无事了。"于是,宋太祖便决定削弱地方诸侯的兵权。

几天之后,宋太祖在宫中举行宴会,邀请了石守信、王审琦等元老。喝过酒后,大家开始无话不谈。宋太祖说:"没有大家的帮助,我不会有今天的一切。但是,你们不知道,做皇帝也有许多的苦衷啊,有时候还不如你们自在呢。说实话,我已经好久没有睡过安稳觉了。"

几位将军立即意识到,皇帝这是话中有话呀,于是便询问其中的缘由。宋太祖接着说:"人们都说高处不胜寒,我站在很高的位置上已经感觉到寒意了。"至此,石守信等人才知道宋太祖是在担心有人会篡位,不禁大惊失色。接着,他们便急匆匆地跪倒在地上,以表达忠心。

宋太祖摇摇头说道:"我知道你们常年在外南征北战,我自然信得过。但是如果你们的部下为了攫取高位,将黄袍披在你们身上,会出现什么情况呢?"石守信等人听到这里意识到大祸临头,连忙害怕地求饶:"我们愚蠢,没有过多地考虑,请陛下您给指条明路吧。"紧接着,宋太祖让他们做地方官,添置足够的房产安度晚年,最终削除了大家的兵权。

石守信等人从宋太祖的谈话中,听出了其对皇权的担忧,以及危机四伏的危险,于是他与几位将军便主动让出兵权,保全了性命。这就是听出弦外之音的智慧。同时,在交际场上,我们要与他人交谈,也不能只听他说了什么，还要从他的声音或话语中听出其"弦外之音"，这样才能更准确地拿捏住对方的心理。

当然了，辨识声音、语音的方法有很多种，最主要的是从人情的喜怒哀乐中去细加鉴别。比如，欣喜之声，宛如翠竹折断，其情致清脆而悦耳；愤怒之声，宛如平地一声雷，其情致豪壮且强烈；悲哀之声，宛如击破薄冰，其情致破碎而凄切；欢迎之声，宛如雪花于疾风刮来之前在空中飞舞，其情致宁静轻婉。

此外，如果是刚健激越的阳刚之声，那么，像钟声一样洪亮沉雄，就高贵；像锣声一般轻薄浮泛，就卑贱。如果是温润文秀的阴柔之声，那么，像鸡鸣一样清朗悠扬，就高贵；像蛙鸣一般喧嚣空洞，就卑贱。

从本质上讲，声音会随着一个人内心的变化而变化，并能够时刻反映出人们的心境。因此，语音的高低、强弱、快慢、粗细等特征，也可以作为表现对方内心的一种表情。

1. 内心平静，声音就会平和

一个人如果说话不紧不慢，代表他内心平和，成竹在胸。与他打交道，一定要循序渐进，不可冒进。

2. 内心清顺畅达，声音就会清亮与和畅

一个人如果没有烦心事时，声音人都会显得清丽动人，这时候与他谈生意，极容易达到事半功倍的效果。

3. 说话语速较快的人，大都能言善辩

说话语速较快的人，其思维都较缜密，头脑反应快，因此在口头表达上非常流利，声音也是气势如虹。这说明他们已经将内心所有的问题都考虑清楚了，没有任何的疑虑。

4. 说话语速较慢的人，性格一般都较为木讷

说话不紧不慢的人，其内心都较为平和，个性都较为憨厚、老实，

不会为了私利而失去底线。与这样的人合作，往往没有负担和忧虑，因为对方往往最能真诚地待人，不会太过斤斤计较。

"礼貌"，既能拉近距离也能疏远关系

"我对公司里的每个同事都礼貌有加，可为何他们还是要与我保持一定的距离呢？"

"朋友都说我太过'客气'，所以，都不愿意与我多打交道，难道对他们讲'礼貌'也是一种错误的做法吗？"

……

生活中，很多懂礼貌的人，都会为"人缘"二字伤脑筋。而生活中，那些总是大大咧咧、疯疯癫癫，在朋友面前表现得很放肆的人，则都有一大群说得上话的朋友。如此说来，"人缘"似乎与"礼貌"密切相关，处处讲"礼貌"的人，身上似乎有一种"距离"类的物质，难以受他人欢迎。

对此，心理学家指出，"礼貌"能拉近距离，也能疏远关系。与陌生人交往，讲究"礼貌"的人会被人认为有教养、有素质，很容易能赢得他人好感。但是，与熟悉的人在一起，大家更喜欢那种无拘无束的自然状态，如果你是个讲"礼貌"的人，则会给人带来一种陌生感和压迫感，会让他人对你"敬而远之"。

泰德是刚入公司不久的新员工，他很想与同事们打成一片。他知道，要想与新同事融为一体，对他们提要求便是不错的行事方法。于是，他在口渴走不开时，会对旁边的班杰明太太说："请帮我倒一杯水，谢谢！"打印完文件，他会对同事艾瑞克说："可不可以用一下你的订书机？"这

种做法的确让他成为办公室里的活跃分子，但是，一段时间后，还是没人真正能和他打成一片。泰德百思不得其解，对此，同事班杰明太太告诉他说："小伙子，你很热情，但是你的这种过于客气的做法，确实让人浑身不自在。"

泰德顿时明白，礼貌很多时候也是一种距离。

其实，泰德在口渴时，如果说："班杰明太太，我快渴死了，帮我倒杯水吧！"在借东西时，不如直接说："艾瑞克，把你的订书机借我用一下！"这样一来，可能要比那种客气的话更能让人轻松、自在地接受。

可见，很多时候，你的"礼貌"，是你与他人拉开距离的主要原因。过于"礼貌"的人，在陌生人面前，可能是一种修养、有内涵的体现；但在熟人面前，会让人产生心理压力。所以，在交际场上，你要根据不同的对象，用好"礼貌"这把双刃剑。

假如你与陌生人见面，尤其在商场上，可以做一个懂礼貌的有修养的人。但是，在生活中的多数场合，你还是学会放下那些烦琐的礼貌用语与礼节吧。比如，你新到一家公司，新融入一个集体，想要迅速地与周围的人打成一片，你该学着用熟悉的朋友的口吻与对方讲话，学会一点点地消除自己与他们之间的距离。

如果你想与同学打成一片，那就应该在他们面前无拘无束地展露自我个性，让人在轻松愉悦中接纳你。

当然，如果你不喜欢一个人，或者想拒绝一个人，也无须对人家冷言冷语，也不要对人家翻白眼，你只需要用全副"礼貌"做外衣武装自己，人家便自然会与你拉近距离。

总之，在交际场上，你能否运用好"礼貌"，直接影响你人缘的好坏。为了避免你误入社交"雷区"，我们一定要记住两句话：

1. 一个处处都讲"礼貌"的人，会让人觉得他真的很冷，尽管他富有亲和力，但那种太过"客气"的做法，真的可以拒人于千里之外。

2. 当一个人对你讲"礼貌"，讲"客气"，并且客气到极致，以至到让你浑身不自在时，这个时候，你该明白：他这是在请你"走开"。

妙用"晕轮效应"：爱屋及乌，关心他所关心的人

生活中，我们可能都有这样的体验：一个小伙子想要获得姑娘的芳心，往往会花大力气去讨好自己的岳母大人。因为姑娘的心中会觉得，如果你真的喜欢我，就一定会对我的母亲、家人、朋友示好。这便是我们所说的"爱屋及乌"，在心理学上称之为"晕轮效应"。

"晕轮效应"又叫作"概面效应"，是指当一个人对某人产生了良好或不良印象后，便会以偏概全、以点概面，认为这个人一切都很好或者一切都很差，便形成了某种成见，好像月晕一样，把月亮的光扩大化了。

"晕轮效应"告诉我们，每个人的生命都是一个节点，要赢得对方好感或赢得对方支持的秘诀就在于：寻求来自他周围朋友的支持。也就是说，要与某个人"交善"，不仅要懂得关心他，而且还要懂得关心他生命中最为重要的人。有时候，间接比直接更能取得成效。

当然，产生"晕轮效应"是因为在人际交往中掌握着有关对方信息资料很少的情况下做出总体判断的结果。"晕轮效应"往往会影响到人们的相互交往。如在一个集体中，当你对某人印象好时就会觉得他处处顺眼，"爱屋及乌"，甚至对他的缺点、错误也会觉得可爱；当你对某人印象不好时，就会觉得他处处不顺眼，"憎人及物"，对其优点、成绩也会视而不见，这种心理状态必然会影响到人际关系的融洽与和谐。而一个

小伙子为赢得姑娘芳心，花大力气去讨好自己的岳母以及周围亲友的行为，便是"晕轮效应"的逆向作用。如果对方在你心中足够重要，那么，与他密切相关的一切，在他心中也是同样重要的。

为此，要获得一个陌生人的好感，你完全可以恰当地表达对他所关心的人，比如父母、孩子的关心，对方自然就会觉得你温暖贴心，从而更愿意与我们亲近起来。

采妮是一家化妆品公司的首席销售员，有一天，她去拜访一位女客户。当时客户正在忙着做家务，而她两岁的女儿却正坐在客厅的地板上大声地哭泣。采妮见状便赶忙蹲下来对小孩说："小朋友啊，不要哭哦，看阿姨给你变魔术。"

随即，采妮就像变魔术似的从包里拿出了两个棒棒糖，然后又像变戏法似的变出了一个会走路的小鸭子，并趴在地上为孩子演示，孩子便立即破涕为笑。这一切，都被在厨房忙碌的妈妈看在了眼里。

末了，这位女客户便痛快地从采妮那里购买了一款化妆品。

可以试想：有谁会拒绝一个愿意跪在地上与小孩一起玩耍的人呢？采妮之所以能使交易顺利进行，关键在于她找到了敲门的棋子：逗小孩开心。这比刻意地关心客户本人，更能打动对方的心。所以，你在与一个不相识的人结交的过程中，适当地表达与他密切相关的第三个人的关心，会给对方留下善解人意的印象，从而获得更多的好感。

当然，在你表达对第三方的关爱时，一定要注意以下两个方面：

1. 表达关怀要做到自然、不做作，这样才能展示出你的爱心来；否则，你的行为如果太过做作，会让人产生"心机重"的印象，那样，你就得不偿失了。

2. 在没摸准你所交往对象与第三方的关系是否亲密时，千万别去胡乱对人施予关怀，否则，只会起到相反的作用。

开门不要"见山":找准时机再巧开口

　　生活中,总不乏这样一类人,说话办事都呈现出一副干练倔强的样子,无论什么时候,面对的是什么人,永远是开门见山直奔主题,说完就马上离开,丝毫不会扯别的。干练冷傲的女上司、不苟言笑的老板……这套酷中带美的行事方式如果针对的是自己的下属或者腼腆好说话的客户,那么,其干练的工作做派会让他们折服。但如果应对的是固执的客户时,开门见山的做派恐怕是交不到朋友,谈不成生意的。可以想象,如果你一开始便遭到了对方的拒绝,那便就没有了转圜的余地。如果你想获得这类人的好感或想与他们交善,其正确的做法便是,先用废话"磨"动他,东拉西扯、东游西逛,磨住他,再找准合适的时机说正题,最终可以达到事半功倍的效果。

　　对此,卡耐基说过,真正善于沟通的交际高手,说话是最讲求时机的。一句话说得再好,再能打动人心,如果说得不合时宜,那也可能会毁了你的形象,坏了你的事情。这也意味着,面对较固执的人,开门见山是大忌。如果你一开门便遭到拒绝,那么,就意味着,你永远没有了转圜的余地。如果你真想攻下一个重兵把守的山头,正确的做法只有一个字:磨。

　　一个杂志的编辑想向一位知名作家约稿,不过这个作家比较固执,一般人都请不动他。于是这个编辑就想了一个法子:亲自上门进行拜访。

　　见到作家之后,编辑并没有说明自己的来意,而是谈着一些其他的事情,比如如何养生,如何锻炼身体,如何安排休息时间,过了好一阵子,才慢慢向正题靠拢,说道:"对了,我最近听说您的一部作品,被人翻译为英文在美国出版了，是吗？"

作家听了略感诧异，朗声回答道："对的，那是好久以前的事情了。"

编辑担忧地问道："我觉得那种独特的文体，用英文翻译，不知道到底能不能翻译好？"

作家回答道："没错，这也正是我所担心的事情。"

于是两人就渐渐谈起了作家的写作之事，气氛也变得越来越融洽，彼此也越来越轻松，到了后面，编辑自然而然地说："你有时间帮我写一篇稿子吗，我们杂志非常需要像您这样的作家的稿件。"

经过一番由远而近的谈论，这位令人难以对付的作家，最后爽快地答应了编辑的请求，并且说道："以后要是有什么地方用得上我，就直接给我打电话就行了，这是我的名片，上面有我的电话。"

这位编辑一开始并没有开门见山，直奔主题地向作家提要求，而是先说了一些废话，从如何养生到如何锻炼身体，再到如何安排休息时间转了一大圈。等时机成熟后，才回到主题上来，在和谐的气氛中，让人觉得这位编辑对自己了解很多，更像是一种与读者朋友的沟通，最后终于获得了作家的应允。

其实，再动听的话，也是讲求时宜的。面对较为固执的人，你要先懂得寒暄一番，说些与主题无关的话，这是让对方接纳你的前提。要知道，开头的寒暄实际上在调和说话的气氛，气氛好了，人的心情也会比较好，也就比较乐意帮助别人。同时，寒暄也是一个套交情的过程，彼此有了感情，再对别人提要求就变得容易多了。

所以，当你求人办事的时候，一定不要着急，要由远而近地缓缓道来，等彼此进入到一种和谐圆融的关系和氛围之后，再用比较自然的方式，不露声色地提出自己的请求，让对方爽快地接受你的请求。当然，想在"磨"的阶段，获得对方的好感，也需要注意以下两个方面：

1. 态度要保持亲切、和蔼。在交际中，亲切、和蔼的态度总能给人一种如沐春风的感觉。正如卡耐基所说，一个富有亲切感的人，平时不需要什么特别的训练，甚至也不用掌握什么社交方法或技巧，也能让人喜欢。当然，要保持亲切感，比如时刻保持谦虚、脸上面带微笑等，这些都是必不可少的。

2. 善于倾听。要知道，倾听是获得对方好感的基础，你连听别人说话都没耐心，还怎么沟通。倾听也不是听听就算了，听的过程当中，也是审视对方喜欢的谈话方式、角度的过程。很多时候，认真听别人说话是教养，是对别人的尊重，当你注视对方，仔细聆听时，对方对你的好感就会大大提升。

唠叨，是你人缘恶化的"头号暗礁"

在生活中，总有这么一撮人：他们嘴巴张合的频率极高，总是在人前喋喋不休，叽叽喳喳，没完没了，让人烦不胜烦。这样的人，尤其是女人，无论走到哪里，都唱主角，无休止的唠叨会让他们像苍蝇一般被人驱赶。时间一久，他们的人际关系会迅速地恶化，人人避之唯恐不及。

许多人可能会说："能说会道，能言善辩，该当是被人当优点来夸赞的啊！"不错！依照常理，一个人善于表达自我并非是错事，但若是整日都喋喋不休，那便招人嫌了。可以说，唠叨是一个人人缘恶化的"头号暗礁"，在防不胜防间，就会让他们辛苦建立起来的"人际网"瞬间破裂。

"老板老是和我抬杠，真不知道我哪里得罪他了！"

"为什么他总是和我作对？这家伙真讨厌！"

"我老公最近做生意赚了一大笔钱,刚买了一套四百多平方米的别墅,我星期天什么也没干,只顾研究装修方案,可伤脑筋了!"

"我家儿子又在学校得奖学金了,哎,这孩子真是太争气了,和别的孩子就是不一样,学习方面都不怎么让我管!"

……

在生活中,很多人尤其是女人都会因为某种问题,向同事或好友喋喋不休。但是,这些看似无伤大雅的话语,却是交际场上的"暗礁",是一种杀伤力和破坏性极强的武器,它会让其他人对你产生一种避之唯恐不及的感觉。要是到了这种地步,相信你周围的人再也不会愿意搭理你了。

另外,在情场上,女人的唠叨,也是导致"异性缘"恶化的头等"暗礁"。它能一次性地将女人苦心经营和悉心建立起来的幸福和感情在一夜之间摧毁。

据统计,男人讨厌女人做的事情之中,排在首位的便是"爱说话",这远高于排名第二的"不爱打扮"。

刘华经常向周围的朋友诉苦:"我娶了个'唠叨皇后',再也受不了她吹毛求疵、无休无止的抱怨和骚扰了,我只想解脱。"

原来,每天刘华下班后一回到家,老婆便会唠叨个不停。她指责他早上出门时忘了带钥匙,抱怨邻居把一个吃剩的苹果核扔到门前,讽刺院子里的小华小小年纪竟然对她不礼貌……刘华上一天班,原本感到很累了,回到家只想安静下来好好休息一下,但是老婆的唠叨却像紧箍咒似的让他越听越头疼。

长此以往,因为害怕她的唠叨,现在一到下班时间刘华就开始头疼。于是,他主动向老板要求加班,或者干脆到朋友家里去凑合,夫妻之间的感情几乎荡然无存,刘华只想能快点解脱。

卡耐基在他的《人性的弱点》中说过：唠叨是爱情的坟墓。聪明的女人，如果你真的爱他，希望得到他的宠爱，想维持家庭生活的和谐，就停止唠叨吧！女人的爱说话就像漏水的水龙头一样，能将男人的耐心消耗殆尽，会让男人感觉到限制和压力，同时潜意识中会有一种不被信任的感觉，不知不觉地将双方的关系推向分裂的边缘。

其实，女人的唠叨就像一把锋利的杀人不见血的刀，会让他认为女人是在管教他、抱怨他、催促他，从而产生逆反心理，并且逐渐积累起一种憎恶感，导致家庭矛盾甚至家庭的破裂。这是爱情和幸福婚姻的最大杀手，所以，要做个人缘好且幸福的女人，一定要减少开口的频率，管好自己的嘴巴。最后，为避免自己再度踏入社交"雷区"，我们还是铭记下面的两句话吧：

1. 一个男性的婚姻生活是否幸福和他太太的脾气性格息息相关。如果她脾气急躁又爱说话，还没完没了地挑剔，那么即便她拥有普天下的其他美德也都等于零。

2. 为什么有的女人能让人永不厌倦，不管外面的风景有多好，男人总是眷恋着身边这盆鲜花？而有的女人则让男人一看就想拔腿就跑，躲得越远越好？答案就是：这个女人的存在，是否让对方感到舒服自在。人际关系也遵循这样一个规律，让对方舒服，是和谐交流的第一步。可以说，爱说话不仅是让男人无法舒服自在的最大恶敌，也是让女性厌恶至极的行为。爱说话、爱唠叨、喋喋不休的女人即使再有才华，再妙语生花，也无任何吸引力可言。

第四章
掌握交际"妙方",升职加薪自然水到渠成

有人说,在职场中要想升职加薪,卖力工作是最重要的。这话的确不假,做好自己的工作是获得上司青睐的关键,但是一个人若只懂得埋头苦干,却不懂得职场交际法则或交际技巧,那么,你的努力也很难获得肯定。试想,在职场中,哪个老板会喜欢一个只懂得埋头工作,但却出口"带刺"、情商低下的人呢?所以,要想在职场中获得肯定,就一定要掌握一些基本的心理学知识,并在此基础上掌握一些社交"妙方",这样才能使你的工作得到肯定,从而为自己争取到更多升职加薪的机会。

先给上司一个台阶，再谈加薪

到一家公司，我们可能会遇到这样的情况：谈好过了试用期，就会给你涨工资；或者老板承诺工作量超过了多少，就会给你加工资；或者你表现得很优秀，上司还迟迟不主动给你加工资。这个时候就要学会主动给老板提要求或请求。但是，如果你直接向老板或上司反映情况，即便是老板给你涨了工资，也会彼此间感到尴尬或难堪，更不会对你产生好印象，这有碍你以后的职业生涯发展。

杰克在一家大型商场做销售，经理说过，每个月如果他负责的区域销售额超过两万美元，就会有1000美元的奖金。为了能拿到这笔奖金，杰克干得很卖力，月末时他如愿地完成了这一指标。虽然他满心期待着那笔奖金，可到了发工资的时候，奖金却没有兑现。杰克顿时恼火了，心想："这不是在给我开玩笑吗？"

于是杰克便闯进经理的办公室，质问道："我来的时候，你不是说过超过两万美元要给1000美元奖金的吗？我上个月完成了三万美元，可我的奖金呢？怎么一分都没有，你给我解释一下，这究竟是怎么一回事？"

结果，杰克没有拿到那笔奖金，与经理大吵了一番。杰克对经理感到非常痛恨，于是过了几天就辞职走人了。

如果能够以心平气和的态度，采取旁敲侧击的方式，给老板一个台阶下，丝毫不伤害他的面子，给他一个自我悔悟的机会，同时也达成你的目的，何乐而不为呢？

乔伊到一家高级快餐店做服务员，经理告诉她，有两个月的试用期，试用期的底薪是 3000 美元，过了试用期底薪增为 4000 美元。乔伊表示可以接受。

转眼间两个月就过去了，乔伊的表现很是出色，想继续留下来工作，可到了第三个月发工资的时候，她得到的工资仍是 3000 美元，这让她感到很不满。

于是，中午在食堂吃饭的时候，她便在与经理闲聊时顺便问了一句："经理，两个月过去了，我的试用期好像没过，可见我的能力确实有欠缺，希望经理以后多多指点哦！"

经理听罢，奇怪地说："你试用期早过了啊，你表现很出色啊，我还准备在这次开会的时候表扬你呢！"

"是吗？我可真高兴。可是我发现我的工资与试用期时候是一样的哟！"乔伊有些委屈地说。

经理听罢，脸上闪过一丝尴尬的神色，说："肯定你的入职手续出现了问题，你先别着急，我回头帮你问问人力资源部，你放心好好干吧。"几天后，乔伊就收到了财务部补给她的工资。

在单位中，上司地位比你高，所以，说话时，一定要懂得尊重对方，给对方留台阶。否则，你的一切请求都有可能会落空。

总之，与上司或老板谈加薪，一定要遵循一个重要的原则，那便是采用柔和的方式，以轻松的态度告诉你的期望与请求。切记不要理直气壮地要求乃至"命令"上司。与上司或领导谈加薪，一定要保证以下几点：

1. 学会尊重上司或老板。获得他人的尊重是人的基本心理需求与权利。工作中，无论你的请求有多么的合理，都必须要建立在尊重他人的基础之上。所以，在向老板提出请求时，切勿以威逼或者吵架的口吻，而最好以探询、商量的语气,给对方一个回旋的余地。

2. 要确信自己的确值得加薪。没有一个上司会无端给一个员工加薪,除非他相对于其他的人,的确干了更多的工作,创造了更多的效益,上司才会考虑给你加薪。所以,你要拿自己的工作量或者工作业绩与其他人相比,让上司心服口服。

3. 选择一个良好的机会。要尽量选择上司心情好、公司业绩佳的时候提出加薪,这样成功的概率比较大。绝对不要选择公司出问题、老板有情绪的时候提出要求,这样很可能会后果很惨。

将请求融到"幽默"中,在谈笑间谈加薪

在职场中,无论在怎样的情况下,我们都要懂得多一点幽默感,少一点气急败坏,少一点偏执极端。从这个角度来讲,在职场中要尽量运用幽默,它能缓解紧张的矛盾,使人与人之间的关系更为和谐。尤其是在处理比较尬的问题时,幽默便显得极为有效,比如当你与老板或上司谈加薪时。以幽默的方式表达你的意愿,可以让领导或上司在领会你个人意图的基础上,在谈笑间答应你的加薪请求。

乔治在公司已经五年了,工作积极主动,加薪是他渴望已久的事情。尽管他在这家工厂里从来没有犯过什么错,可老板却没有给他加薪的意思。

为此,乔治很是烦闷,觉得自我价值没有得到认同,他曾多次在工作总结会上暗示老板,但老板却丝毫没有反应。他打算明确地向老板提出加薪的要求,可是又觉得不好意思,怕遭到拒绝,但是不说的话,自己薪水这么低,影响了自己工作的积极性。最终,乔治还是鼓足勇气向

老板说明了自己的意图。

一天午餐时间，乔治"偶然"在餐厅里遇到了老板，然后热情地打招呼，老板看见乔治的餐盒里只打了一样菜，就说："亲爱的乔治，你今天怎么吃得这么少呢？"

乔治马上苦着一张脸，半开玩笑地说："谁叫咱挣得少呢，'开源'不行就'节流'嘛。只是这把年纪了，还得跟着年轻人一起减肥，哈哈……"

老板听后，只是笑了一下离开了。乔治以为自己弄巧成拙了，没想到，月末老板竟然给乔治加薪了，事情就这么完美地得以解决。

与上司谈升职加薪的问题，最好能一次性成功，否则，你的问题就会转变成一扬持久的拉力赛，结果遥遥无期。而且，不要让老板觉得你把心思和精力都放在了提工资上，而不是工作上，这样上司非但不会给你升职加薪，反而会对你产生意见，甚至会觉得你极其厌烦。所以，你要把握好第一次机会，用幽默的方式来个出奇制胜。

潘尼是一家农产品加工厂的女销售员，工作卖力且成绩显著，但却得不到相应的报酬。这一天，她向经理提出了升职加薪的请求。但话一出口，经理就一直保持沉默。这种局面让潘尼感到很不安，周围仿佛弥漫着让人不舒服的情绪。

过了一会儿，经理拿起了烟斗，在里面装了烟丝，然后将烟斗叼在了嘴里。就在准备点燃烟丝的那一刻，经理突然停了下来，问坐在对面的潘尼："我想抽几口烟，你介意吗？"

潘尼挺直了身子，深吸了一口气回答道："经理，你抽吧！我不介意，这一年多来，客户喷到我脸上的烟雾要比你烟斗里冒出来的多得多。"

潘尼的一句话把经理逗乐了，于是，她便很快地收到了升职提薪的通知。

潘尼用幽默的言语委婉地说出了自己这一年来工作的辛苦,让经理意识到她的要求是合情合理的,从而达到了自己的目的。可见,用幽默的话语说服老板为你升职加薪,会使对方更容易接受。

当然,在运用幽默方式让老板或上司答应你的加薪要求时,需要注意以下两点:

1. 要让老板看到或了解你的成绩

对于上级领导来讲,决定你是否值得升职加薪的关键,就是看你究竟为公司做出了怎样的成绩。所以,在提要求前,与其告诉上级你工作如何努力,不如告诉他你究竟做了些什么。你可以试着用一些具体的数字,尤其是百分比来证明你的成绩;同时,要避免用描述性的形容词或副词。比如,不要说:"我同某某公司谈成了一笔生意。"应该说:"我与某某公司做成了多少万元的生意。"也就是说,尽可能地让事实替你说话。

你还可以把你的成绩简单写成报告的形式,总结你在工作中学到的经验,以报告的形式呈给你的上级,不仅能够让他对你的成绩一目了然,还方便以后进一步提拔时再查阅。

2. 事先去提醒上司你的加薪要求

在你正式将自己的想法向上司提出来之前,先做出一些暗示,表明你正在考虑这件事,这样就不会在和上司商量的时候让他毫无准备了。你可能会认为这只会给他时间搜罗理由拒绝你的要求,但是请记住,你的目的并不在于赢得一场辩论,而是要使上级确信给予你提升是出于对大局利益的考虑。

向上司请示工作，遵循"恰到好处"原则

职场上，有很多人总是不分场合、时间地向上司请示工作，这样做不仅干扰了上司正常的休息时间，而且还会让上司感到厌烦。聪明的下属，总是善于适时适地、恰到好处地向领导请示，征求他的意见和看法，把领导的意志融入你正专注的事情。这是下属主动争取领导支持的好办法，也是下属做好工作的重要保证。这样既体现了自己对领导的尊重，也表现了自己工作的严谨、细心。

某公司高层给部门领导和下属安排了一次旅游参观。在旅游途中的一个文物展览会上，有一位部门领导发现一些文物有了毁坏和破损，就询问解说员。解说员解释说，这是由于文物保护部门缺乏足够的经费，不能够使文物保存在一种恒温状况下所致，如果有一定的制冷设备，比如空调，这些文物可能会保存得更加完善。领导听后，不禁有些感慨。

此时，站在一旁的机房负责人姜超突然想到了自己好几次想要上报的工作，于是趁机对领导低语："郑局长，机房里装空调也是这个道理呀！"郑局长看了他一眼，沉思片刻，然后说："回去再打个报告上来。"后来，这位领导果真批准了机房的要求，为他们装上了空调设备。

作为下属，在请示工作的时候，要注意做到彬彬有礼，这个礼节性的东西绝对不可丢弃，尤其是在请示工作的时候，即便问题比较严重，也切记不可太过于鲁莽冲动。一定要尊重领导，不可侵犯他的威严。要知道，从心理学角度分析，被人尊重和重视，是一个人最基本的心理需求。

同时，在向上司请示工作的时候一定要注意天时、地利、人和。

所谓天时，就是要看你想做的事，和当前公司的大气候是否一致。比如说，公司正在搞增收节支，号召大家严抓成本控制，而你却提出一项可做可不做的大预算。这项提议不但不能被上司认可，反而会被认为你没有政治头脑，不看形势。所以，请示一件事情之前，一定要事先衡量一下，如此是否会让上司为难。如果事情不是十分迫切，又需要上司承担比较大的风险才能去做，那就干脆别提。

所谓地利，就是看你想做的事情，是否万事俱备，只待批准。在向上司请示之前，一定要周全地考虑和谋划，千万不能半生不熟甚至只是一个初步想法就跑去讨尚方宝剑。有些人以为工作上多请示、多讨教是对上司的尊重，其实无原则地请示，是对上司最大的不尊重。所以，在事情没有谋划周全的时候，也就是不具备实施条件的时候，不要轻易请示自找难堪。

所谓人和，就是在请示工作时，要看场合，把握时机。比如上司刚发过一通火，气还没消呢，你跑去请示工作，十之八九不会有好结果。还有，你还得看当时有哪些人在场。如果有反对你的人在场，你还没说完呢，他就在一边拿腔作调了，那上司就可能被其误导，或者因为有不同意见而下不了决心。所以，什么事在会上请示，什么事在办公室请示，什么事在饭桌上请示，什么事在偶然碰到时请示，都是需要事先计划好的。

请示工作看似简单，实际上也是有很多讲究的。与领导吃饭要讲究饭桌礼仪，那么，请示工作也有不得不学的礼仪。

首先，要遵守时间。如果在汇报前已经做了相关的时间安排，那么一定要记得准时到达，这是对每个职员最起码的礼仪要求。如果过早，则会打乱领导的安排；如果过迟，则会浪费领导的时间。如果遇到突发事件不能准时到达，一定要尽快地想办法向领导解释原因，并且请求推迟或者另外再定时间，并诚心道歉。

另外，如果没有做时间安排，而是临时汇报时，你可根据领导平日的工作而选取恰当的时间，不要一心只想着自己的工作，而不为领导着想。一般来讲，不要在领导忙得不可开交或者是个人休息时间时上前请示，这样只会打扰到领导正常工作和休息。

其次，要适时离去。当你的请示汇报结束后，请礼貌地起身并且告辞。如果这时领导还有和工作无关的事情想要和你谈，那么你就应该耐心倾听和回答。当领导表示谈话结束，并且示意你可以离开了，这时你便可以离开。

善于向领导请示工作的人一定会是一个成功的人。因为当他向领导请示工作的时候，能够和领导建立良好的信任关系，得到领导的指导后，他能够快速成长，吸取经验，弥补自身的不足。所以，要想在你的单位做出出色的成绩，一定要学会恰到好处地向领导请示工作。

指出上司的错误之前，先"赞美"一番

从心理学的角度分析，人人都不喜欢被否定、斥责、抱怨。也就是说，人都有抵触消极情绪和被人否定的本能，尤其是领导更不喜欢直截了当地被人否定。所以，在职场中，如果你发现老板或上司对某一项工作任务考虑得有不够周密或有工作失误的时候，先别急着去全盘否定，而要先找到可以肯定的"点"进行赞美，然后再指出问题的要点所在，这样领导就不会感到没面子，也非常乐于听取你的建议了。

"好啦……就这么定了，这个周末我们就准备在周边的社区做这款保健品的宣传推广！"对于经理自以为是的决定，凯勒先生早就不耐烦了。

这么重要的产品推广计划，你怎么能在不做市场调查的情况下就草率做决定了呢？凯勒终于耐不住自己的性子，当面就对领导提出了反对的意见："经理，你的决定太草率了，我觉得还是应该先做调研，再做决定。"

"草率？"这个字眼儿似乎狠狠地刺激了经理，他刻意把它提了出来。"做事就得有魄力，等你什么调查都做好了，恐怕市场早被同类产品给抢占去了。亲爱的凯勒先生，你固然有多年的市场营销方面的经验，但在具体的产品推广方面能力还尚有欠缺，得多向市场部的艾玛女士学习啊。"

凯勒先生本想向领导说出自己的看法，没想到还没开口就碰了一鼻子灰。

事后，经理确实没有实施原本定下的社区推广方案，而是转向市场调研。可是，奇怪的是，这个建议原本是凯勒先生提出的，经理却全权交给市场部的艾玛女士了。

原来，对于经理的决定，艾玛女士与凯勒先生都有相同的看法。但与凯勒先生不同的是，艾玛女士并没有直接指出经理的错误，而是私下里对经理说："我非常佩服您一贯雷厉果断的工作作风。但是，咱们这款保健品属于高端产品，而且周围的居民都是一些普通的工薪阶层，就怕咱们白费了工夫，损失了推广费还不见成效啊。"

经理觉得艾玛女士的意见提得非常有道理，于是决定采纳，并且把调查工作交给了她。

同样的意思，两种说法，取得的结果就不相同。同样是希望领导改变做法，凯勒先生则是直击要害，指出经理行事"草率"，这种批评方式首先会让人感到不被尊重。而艾玛女士则完全不同，她以赞美的话作为开端，这种批评的总体基调是让被批评者感到在人格上是被肯定和被尊重的，只是在具体问题上看法的不同而已。于是，领导会感觉有可商量、可讨论的空间，对来自艾玛女士的意见也自然容易接受。

批评就像一把利剑，可以救人，也可以杀人。在工作中，当老板出错时，如果你随便拿起这把"剑"直接去"救"你的老板，十有八九会碰一鼻子灰。要知道，人人都不喜欢直接被否定，如果你直接不讲艺术地去指出领导的错误，就等于直接挑战领导的权威，会置领导于难堪与尴尬的境地。

在日常工作中，当你与上司的意见相左时，如果此时你一定要与其针锋相对，说出得理不饶人的话，那就"侵犯"了领导的权威，让领导下不了台也就等于冲撞了领导。常言道"弓硬弦常断"，在出现僵局的情况下，顶风硬上恐怕只会两败俱伤，但百炼钢化为绕指柔，经由适度的婉转迂回从而顺和对方的心思，就可以让领导的心迅速"解冻"，认可你的看法。

除了先扬后抑的说话技巧外，还有以下一些技巧：

1. 以提醒取代批评

如果你的老板犯了错误，你最好就是以提醒代替批评，而不能够直接指出领导的不足。如果你每每都很关心似的提醒他，你的善意，领导会非常感激的。同时，他也会感觉到你的重要。

2. 以关心体谅取代批评

在指出领导不足的时候，你要设身处地地为他考虑，说不定领导有什么苦衷呢。对于领导的一些错误，你最好以关心体谅来代替批评，这样你的领导更容易接受，同时也会对你心存感激之情。

3. 私下批评要比当众批评好

每个人都不喜难被当众批评，所以，相关批评的话一定要在私下里说，这样既顾全了领导的面子，又有利于你本身的形象。另外，你还要注意你说话时的语气，用委婉的语气指出领导的不足更能令其接受。

拒绝上司讲方法：妙用比喻，委婉说"不"

卡耐基说："学会拒绝的艺术，既可以减少许多心理上的紧张和压力，又可使自己表现出人格的独特性，也不至于使自己在人际关系中陷入被动，生活就会变得轻松、潇洒。"在职场中，拒绝上司的不合理要求，是一门学问。在拒绝的时候，既要做到不得罪上司，同时也得保全自己，给自己留余地。关于拒绝上司的不合理要求，可以采用比喻法，委婉地说出"不"。

当上司命令你去做一件你无法做到的事时，如果你直言相拒，很可能会伤及上司的颜面。这时，你不妨巧妙运用比喻，说出一件与此类似的事情，让领导自觉问题的难度，而自动收回这个命令。这样说可能有些晦涩，我们不妨来读一则故事，从中领略这一拒绝方法的精髓。

秦始皇听信了关于吃公鸡下的蛋能使人长生的话，便命令小甘罗的爷爷前去寻找。如果三天内找不到就要受罚。为此，小甘罗的爷爷每天茶饭不思，十分心焦。

小甘罗了解原因后，就安慰爷爷，说自己有主意可使爷爷免罚。三天后，小甘罗自己上朝。秦始皇看到他，就暗想一个小孩子跑进宫殿来简直是无礼，便生气地问："是不是你爷爷找不到鸡蛋不敢再来了？"

小甘罗冷静地说："启禀陛下，我爷爷来不了啦，在家卧床生孩子呢。所以，暂且由我代他上朝。"

"胡说！"甘罗的话将秦始皇逗乐了，"你这孩子，说话真荒谬，男人怎么会生孩子呢？"小甘罗就反问道："既然公鸡能下蛋，为什么男人就不会生孩子呢？"秦始皇一愣，知道是自己错了，同时也看出了小甘罗的聪明，便破格录用了他。

甘罗作为一个孩童，能如此得体地拒绝秦始皇，并让秦始皇不得不放弃自己的无理要求，实在是大出人们的预料。身在职场，饱受此类事困扰的人们不妨以此故事作为参考。

作为一个下属要对上司说"NO"，首先要有勇气。不过，就算你有勇气，没有策略也是不行的。当然了，除了运用故事去"以理服人"，你还可以尝试以下两种方法：

1. 让领导看到你已经尽力了，最终让他主动撤回无理要求

当领导对你提出某种要求而你又无法满足时，那就要设法让上司觉得你已经竭尽全力了，最终让领导不得不放弃他提出的要求。

比如，当领导给你布置的任务你根本无法完成时，你可以采取下面的步骤答复："您的意见我懂了，请放心，我保证全力以赴去做。"过几天，再汇报："这几天×××因急事出差，等下星期回来，我再立即报告他。"又过几天，再告诉领导："您的要求我已转告×××了，他答应在公司会议上认真地讨论。"尽管事情最后不了了之，但你也会给领导留下好印象，因为你已在"尽力去做"了，这样领导也就不会再怪罪你了。

从心理学的角度分析，人们对自己提出的要求总是念念不忘。但如果长时间得不到回音，就会认为对方不重视自己的问题，反感、不满由此而生。相反，即使不能满足领导的要求，只要能做出些样子，对方就不会抱怨，甚至会对你心存感激，主动撤回让你为难的要求。

2. 利用群体掩饰自己说"不"

比如，你被领导要求去做某一件事情时，其实你很想拒绝，可是又说不出来，这个时候，你不妨拜托其他两位同事和你一起到领导那里去，这并非所谓的三人战术，而是依靠群体替你做掩护来说"不"。

首先，商量好谁是赞成的那一方，谁是反对的那一方，然后在领导面前争论。等到争论一会儿后，你再出面含蓄地说"原来如此，那可能太牵强了"，而靠向反对的那一方。

这样一来，你可以不必直接向领导说"不"，就能表明自己的态度。这种方法会给人"你们是经过激烈讨论后，绞尽脑汁才下结论"的印象，而包括领导在内的全体人士都不会有哪一方受到伤害的感觉，从而领导会很自然地自动放弃对你的命令。

功劳面前要学会说"低头话"

一位心理学家曾给职场人以这样的启示：作为下属，无论你付出了多少，一定要学会把荣耀的鲜花戴在上司的胸前。你的功劳，上司心里自然很清楚。你的谦让，意味着你对他的尊重。人性就是如此地奇妙，如果你总是习惯独享荣耀，那么，总有一天你会自讨苦吃、独吞苦果的。这告诉我们，在职场中，我们要谨遵与上司相处的原则：无论你立了怎样大的功劳，也切勿不要居功自傲，尤其是在上司面前，更要看轻自己的功劳。

可在现实中，一些人经常会抱怨自己的领导无能，就算他的能力或才华真的与你的期望相差甚远，但他毕竟是上司，除非你辞职不干，否则你就要知道对方是你的上司，是红花，而你只是陪衬他的"绿叶"，功劳再大也要学会放低自己，在领导面前学会说低头话。

玛丽在一家广告公司做设计，是一个极有才气的小姑娘，她对设计有着自己独特而不俗的理解，因此大受欢迎。前一段时间她获得了一次创意奖，为此她很是兴奋，但是过了一段时间，她就觉得不对劲了，因为最近她的上司常给她脸色看，还处处为难她，她也不知道自己哪里得罪上司了。

她将自己的苦恼向一个朋友说了，朋友在了解清楚她的情况后，指明了原因。玛丽获得了创意奖，受到了领导的表扬，并且夸她非常有潜力。问题就在于她没有在现场感谢上司和同事们的协助，这自然让她的上司耿耿于怀。从此之后，她的上司便给她脸色看了。

遗憾的是，玛丽对朋友的分析还不以为然，结果三个月后就因为待不下去而辞职了。

居功自傲，最终会让你自食苦果。所以，在上司面前，你取得了再大的功劳，也都还是他的下属。如果因为功劳而不将其放在眼里，就是对他的不尊重，也是在挑战他的权威，哪个上司也是不会容忍的。

一个聪明的人是会低调地对待自己的荣誉的，在很多时候，他们都会以谦虚的姿态示人，这是获得和谐工作环境的基础。他们知道：如果在荣耀面前"自我膨胀"，忘了自己是谁，会殃及周围的人。周围的同事甚至领导都要忍受你的嚣张气焰，却又不敢出声，随即他们便会在工作上有意无意地抵制你，不与你合作，让你碰钉子。

另外，那些交际高手，还时时懂得在职场上与人分享成功。他们知道：口头上的感谢是一种分享，这种"分享"可以无穷地扩大范围，反正"礼多人不怪"嘛。另外一种是实质上的分享，别人倒不是非要分你一杯羹不可，但是你如果主动与他人分享，这就是对他人的一种尊重和客气，这种小小的举动会使你的人际关系更为和谐与融洽。

那些交际高手，也是拥有感恩之心的。在任何时候，他们都会感谢同事的协作，尤其会感谢上司，感谢他的提拔、指导和授权，这是一种礼貌。我们经常可以看到一些颁奖礼上，那些获奖人在上台领奖时都要感谢一大堆人，道理就在于此。这种"口惠而实不至"的感谢虽然缺乏

"实质"上的意义，但听到的人心里都会很愉快。

表功有技巧：讨蛋糕时，要让他人闻个香

在多数人眼里，自卖自夸的卖瓜老王是个极不着调的家伙，因为夸自己好是件极为尴尬的事情。但是在职场中，你立了功劳，当上司看不到的时候，就要勇于说出来，因为它关系到你的职业前途。但是，在上司面前表述功劳也是讲求方法和技巧的，否则会给人一种自傲、唯我独尊的感觉。

从心理学的角度分析，太过高傲、自大者，给人一种无视他人的感觉。要知道，人人都希望自己被人重视和被人尊重，而那种自大者，违背了这种人性法则，自然难以得到他人的喜欢。在职场中，无论你在整个工作的实施过程中付出了多少努力，有多少功劳，但是孤掌难鸣，你再怎么有能耐，也不可能在没有他人的扶持和帮助下取得成就。因此，你在向上司表功的时候，一定不要太自以为是把功劳都挂在自己头上，而应将他人的功劳也一并提出。正所谓，向上司讨蛋糕，也要让其他同事闻个香。这样不仅会让上司觉得你是个有组织能力的人，而且还会让那些并没有做出多大贡献的同事记住你的好。

托马斯被一家公司聘为技术部门经理，他一上任便在部门内部进行了一系列雷厉风行的改革，他先调整了人员结构，将具有丰富经验的技术人员整合在一起，并推到生产第一线。然后率领同人们进行技术革新，在这些措施下，公司的产品质量迅速提升，产品的销量也由原来的不温不火变成了热卖，市场部的销售额呈直线上升。老板高兴得合不拢嘴。

但是，托马斯并没有高兴起来，因为这分明是他们技术部的业绩，

而业绩提成则全部被市场部的人装进了腰包。这也打击了技术部员工的积极性，托马斯知道，如果这样下去，整个技术部很快就会丧失现在好不容易才高涨起来的工作激情，又回到混日子的老路上去。

因此，在一次由老板主持的员工大会上，托马斯便主动开始表功了，他说："这次技术改革之所以能够成功，与技术部门全体员工不计报酬地加班加点有着极大的关系。而那些产品技术上的难题，都是大家不眠不休熬红双眼才做出来的。在研发的过程中，大家都像分娩的产妇那样，虽然辛苦，但心里却充满着热情和期盼。而当我们辛苦产下的'婴儿'在市场部同人的照料之下长大成人，作为'父母'的我们当然也希望这辛苦得来的'孩子'能对我们有所回报，这不仅是对技术部全体人员智慧和辛劳的肯定，也是对我们的责任心和工作激情的一种鼓励。因此，希望公司不仅能将利益与市场部挂钩，还能把利益与技术部挂上钩，一荣俱荣，一损俱损，利益均沾，这样才能维护和激发技术部同人的热情，使他们主动把更多的精力投入到公司的技术革新上来。"

如此一来，领导立即明白了技术部人员的感受，并当众表扬了技术部，而且还把一部分市场利润分给那些在技术上做出贡献的技术人员。托马斯在上司面前的表现，也获得了技术部其他同事的认可，下属都觉得他是个有大局观的领导。这也让托马斯以后的工作减少了许多麻烦。

其实，在上司面前表功是一件关系到个人荣辱成败的大事，敢于表功并不等于会表功，功劳表得好，你可以从中获名得利。但如果表得不好，不仅会让你难以洗脱邀功的嫌疑，而且还会引得上司和同事对你的人品产生怀疑。因此，表功也是一种需要进行锻炼的口齿艺术。

职场中，很多人在向上司表功的时候，都会在急切心情的驱使下将自己做出的功绩像竹筒倒豆子般一股脑儿地倾倒出来，但最后却发现这样的方式很难得到上司的肯定。这时，你不要埋怨上司，这并不表明他不重视你的功劳，而是因为你的说话方式没有抓住上司的心。

我们都看过相声，演员在表演过程中之所以能牢牢抓住观众的注意力，并不断让观众笑声满堂，秘诀就在于那一个个包袱的抖开：前面的一系列铺垫让观众的心越来越痒，在痒到一定程度时，演员突然将包袱抖开，抖得刚好挠到痒处，于是，观众就笑了。

其实，表功也是如此，掌握了技巧，才能表得出彩。表功之前，如果你能把遭遇到的困难说得"惊心动魄"的话，后来的解决方式想必才能给上司留下深刻的印象。

忠言也要说得不"逆耳"

在工作中，免不了要向上司阐述自己的想法或意见，让你的上司能够心平气和地听进你的意见是一门艺术，唯有掌握了这种艺术，做到"忠言不逆耳"，下属才能够在工作中尽情地施展自己的所长，并且得到上司的赏识。否则，一言不慎，有可能会激怒上司，甚至会丢掉饭碗。

从心理学角度讲，没有一个人喜欢别人在大庭广众之下述说自己的缺点，更何况，上司最讲求"面子"，你让他失面子，就等于质疑他的威信。因此，想要给上司提"忠言"，一定要讲求方法，别做出力不讨好的事。只有把话说得顺耳了，才能既不得罪上司，又能让自己的意见被采纳。

美国一家大型跨国公司为自己即将发往东南亚地区的全新主打产品设计了一个新的商标，为此，董事长特意开会征求各部门的意见。

商标的主创人员报告说："这个商标的主题是旭日，象征希望和光明。同时，这个旭日很像日本的国旗，日本人是非常爱国的，因此我们的产品肯定会迅速占领日本市场。"

然后董事长请其他各部门的代表发表自己的意见。营业部经理和广告部经理都极力赞叹这一构思的高明。最后轮到代理出口部的一位青年职员发表意见，他说："我不同意这个商标。"在场的人都瞪大了眼睛吃惊地看着他。

"怎么，你不喜欢这个设计？"董事长同样有些吃惊，其实他自己也觉得这是一个非常好的设计。

"我不喜欢这个商标。"青年人直率地回答，"我恐怕它太好了。"

董事长一听，笑了起来，说："原来是这个原因，只是我不懂它为什么会太好，你能不能给我解释一下？"

"这个设计的确非常的鲜明和生动，这一点是毋庸置疑的，并且它与日本的国旗十分相似，日本人肯定都会喜欢。"青年人说。

"是啊，这一点刚才已经说过了。"董事长有些不耐烦地说。

"然而，我们在远东还有一个重要市场，包括中国及印尼、马来西亚、菲律宾、泰国、印度等一些国家，这些国家和地区的人们看到这个商标，也同样会联想到日本的国旗。尽管日本人喜欢这个商标，但是由于某些在座诸位都清楚的历史原因，这些国家和地区的人们就不一定喜欢这个商标，甚至可能对其产生反感。这就是说，他们将抵制我们的产品，这不是因小失大了吗？日本的市场又怎么能跟中国和整个东南亚的广大市场相比呢？如果采用这个商标，我们就会失去这片更加广阔的市场了。"

董事长听完这番话，几乎跳了起来："我怎么没有想到这一点？真是太危险了！你的意见对极了，我们必须对这一商标做出修改。谢谢你，年轻人。"

这个青年在会议上的表现非常精彩，他的一番发言既达到了自己的目的,让董事长接受了自己的想法,同时又没有伤到任何一个人的自尊。更为重要的是,他的这番话打动了董事长,赢得了董事长对他的青睐。

当然了,向一位有权威的人表示反对意见也不是件容易的事,你必须要有充分的理由,说得他完全信服。而且,只有充分的理由还不行,更要讲究技巧的运用。在上例中,青年人在指出商标不好时,说的第一个理由是"我恐怕它太好了",就这一句话,既顾及了之前发言人的自尊心,也让董事长有耐心听他把话说下去。在此基础上,青年人讲出了合理的理由,使他人在接受意见的同时,又不觉得难堪。

总之,把握上司的自负心理,谦虚地提出你的建议和意见,一定会使你的事业飞黄腾达。既然好说歹说都是说,干吗不把忠言说得顺耳,让上司愿意倾听,同事愿意给你掌声呢?下面是我们在提出"忠言"时要谨记的原则:

1. 无论是什么问题,友谊永远比问题更重要。谨记这一点,提意见就可以给予人们力量,而不是痛苦。

2. 谈话一次就已经足够。一旦问题解决了,不要再提起它。

3. 即使你有身份、学识或经验非凡,也不要把它用于施加压力给别人,这会让别人与你配合时感觉压抑。你只简单地把问题解释清楚,然后请求他们在实施解决方法的过程中给予帮助就可以了,让你的学识与经验自动发出光芒。

巧说"体贴话",表达你对上司的关心

在工作中你经常与领导或上司打交道,要懂得说体贴话。在职场中,如果你的上司或老板是个特别优秀、出色的人,总是乐观、向上,可有

一天，他的脸上却偶尔露出一丝悲伤，那么，他很有可能就是因为家里出了问题。他虽然没有说出来，一直在努力地隐藏，但是一些细微的情绪会自然而然地在他的脸上流露出来，作为下属你一定要善于捕捉。比如，他会不时地用呆滞的眼神望窗外，无心工作。平时那张充满活力和激情的脸，完全失去了朝气。如果你注意到了他微妙的脸色和表情变化，不妨去试着找出领导真正苦恼的原因，用体贴的话安慰对方。

珍妮是一家文化公司的职员，上司迈克是个工作能力极强、人缘极好的人。一次，因为家里的小状况，他一天都呆坐在自己的办公室里，一言不发，而且脸上的表情甚为凝重。他的这些变化让细心的珍妮发现了，在下班乘电梯的时候，她关切地问道："亲爱的迈克先生，今天怎么了，看你很不高兴的样子，是不是家里出了什么事情！"

"唉，我老婆生病了！家里乱得一团糟。现在还在医院，也不知道情况怎么样。"

"什么？您的夫人生病了！现在怎么样？严重吗？"她表现出十分关心的样子来。

"胃病，已经住院了，这是老毛病，很多年了，不过，这次很厉害。"

"听到这个消息我真难过，不过，你也别担心，一定会没事的。你还是回家多陪陪她吧，单位或者家里有什么用得上我的地方，尽管吩咐，我这些天都有空。"珍妮十分关切地说。

"谢谢。"迈克向珍妮报以感激的微笑。

从此之后，珍妮便经常受到上司的照顾，只要工作上有什么难题，迈克都会主动帮助她解决，这让珍妮的工作劲头更大了。

一句细致入微的关爱与体贴的话，会温暖领导的心，也会瞬间增加他对你的好感。当领导出现这样或那样的困难时，其心灵也是比较脆弱的，我们应当设法去淡化他的担心，力争为领导解除忧虑。领导的苦恼，在没有人知的情况下,自己应主动去了解,相信你的这份关心和善意一定会让老板备受感动。

所以,在职场中,不要总以为领导或上司高高在上就与其保持距离。其实,领导或上司也是有情感的人,他们也需要别人的关心和体贴。恰到好处地表达你的关心,能引发领导或上司对你的好感。当然了,在向上司表达你的关心时,需要注意以下两点:

1. 在对上司说"体贴话"时,一定要把握好"度",尤其是对异性上司表达你的关心时,否则有可能会造成不必要的误会和误解,导致尴尬。

2. 说话的时候,不要在太私密的地方,关心的话要说得自然、真切,最好能表达出你平时对普通朋友的那种关照,这样才不会造成尴尬和误会。

巧妙应对"干活还受气":让上司明白你的困难

职场中经常会碰到这样的老板:脾气暴躁,挑剔苛刻,心情不好时喜欢在下属身上撒气。当你拿着自己熬夜赶出来的计划书,放在老板桌上时,他只是粗略地看了一遍就将你骂得狗血淋头,觉得你没有认真去完成这份计划。相信任何人在这个时候都会觉得心里难受,自己那么拼命赶出来的计划却遭到了全盘否定,还受了一肚子气。

有时候,老板并不是刻意找你的茬,只注重工作成果的他并没有去想你为了完成这次的任务所遭遇的困难。其实这和自己也有很大的关系,如果你及时向上司汇报工作,他就能够及时指出你的错误,让计划得到进一步完善,哪怕最后还有一点瑕疵,老板也不会鸡蛋里挑骨头,更加不会责骂你了。

珍妮弗是一家金融公司的秘书，她的上司是一位脾气暴躁的中年男人，一遇到工作难题，就会找珍妮弗出气，抱怨她的调查报告没写好，或者工作日志写得不够简洁、明了。对此，珍妮弗也很委屈，觉得自己已经拼尽了全力，可还总是遭到上司"不公平的待遇"。面对此种情况，开始时，她就本着尽量不给老板找麻烦的原则，尽量不把难题交给他，很多困难都自己想办法解决。但是这样做的结果，就是她的老板开始轻视她，因为他根本就不了解工作的难度。

可被骂的次数多了，珍妮弗改换了工作策略，不再自己埋头苦干，而是开始有意识地让老板知道她的工作难度。首先，遇到问题的时候，她虽然还是自己想办法解决，但是她不会默不作声，而是会先带着自己的解决方案去找老板沟通。在与老板沟通的过程中，她会尽量挑一个他比较清醒而不烦躁的时候，单独地只讨论某一方面的一个大困难。她先让老板了解困难的背景，等他听了头痛的时候，她再说自己有两个方案，他就很容易在两个中挑一个出来了。由此，老板不仅认识到了她工作中遇到的困难，还对她的能力有了新的认识。

其次，珍妮弗会及时向老板汇报自己的工作进度，就算过程顺利，也要让他知道进程如何，从来不等老板来问结果。这样，老板就会觉得把工作交给珍妮弗非常放心。

此外，珍妮弗在需要和别的部门的总监们，或者和总裁、副总裁一起工作的时候，她特别注意清晰简洁而主动地沟通，尽量考虑周到。写E-mail或者说话，都非常小心，尽量避免出现有歧义的内容，基本上没有出现总监们抱怨她的情况，这样一来，老板就觉得她很牢靠，不会给她找麻烦。即使后来珍妮弗的工作做得不是那么完善，不过因为已经事先知道了珍妮弗所付出的艰苦努力，也了解了任务的难度，老板也不会盲目批评了。

很多时候，你的上司只管下达命令、布置任务，并不直接参与你要做的事情。而最关键的事是，一件事说起来和做起来完全是两码事。你可以用两句话来描述一件事，但实际做起来，可能就需要两天甚至两周。确切地说，这其中的具体困难，只有你自己知道。如果你只是埋头苦干，你的上司哪里会知道你遇到了很多困难，又哪里会知道你想尽了办法去克服呢？他以为那不过是一件简单的事情，怎么现在还没完成？你一天到晚都在忙什么呢？这样，你可不就是干了活还受气吗。

很多时候，人们都认为只要自己勤奋踏实、出色地完成工作任务，上司就一定能够看得到自己的成绩，心中有数。却从没想过，老板根本不会花那么多的时间去记住你和你的"功劳"，他注重的只是事情的结果，如果你不能达到他想要的结果，你的工作就是费力不讨好。

所以，聪明人一定要及时让老板知道你为公司带来的利益，以及在创造利益的过程中所遭遇的艰难险阻，还有你解决问题的能力。如果你的老板没有时间听你当面汇报工作，那么你可以采用书面形式向他报告。千万不要等老板主动来问你，否则，一旦出现不好的结果，你就只有受气的份儿。并不是每个上司都独具慧眼，能够在众多的下属中发现优秀的你，与其被动地干活受气，不如主动和老板沟通，表现自己，得到老板的表扬和认可。

夸赞上司讲方法：最深入人心的赞美法

哈佛心理学家威廉·詹姆斯说：人类最基本的相同点，就是渴望被别人欣赏和成为重要人物。也就是说，人人都喜欢被赞美，当然，你的上司也不例外。在职场中，恰如其分地赞美，能创造一种热情友好的气氛，能使彼此的心情更为愉悦。这是人类真正认识自身存在价值的一种需要。但是，在职场中，夸赞上司是要讲求方法和方式的，否则，你会给人一种"溜须拍马"之嫌，会让上司觉得你是个曲意逢迎的人，同时也容易招来其他同事的"侧目"。所以，在职场中，当你在夸赞上司之前，就需要做一番"功课"了。

鲁塞·康威尔到一家房地产中介公司就职还不足半年，但他却很快地成了人人羡慕的对象。公司最高负责人威廉先生不仅喜欢带着这个看起来木讷老实的小伙子出席各种谈判和宴会，而且还总是很信任地将一些重任托付于他……那么，鲁塞·康威尔到底有什么魔力能让领导对他这样一个新人如此青睐呢？用鲁塞自己的话来回答就是："我谨记着爸爸对我的教诲，好话说到，见人要笑。"在实际生活中，他也是这么做的。

温文尔雅的鲁塞总是笑脸盈盈，刚进入公司的时候，他只是被分派负责一些简单的文案工作，但他对于每项分配下来的任务，总能全力以赴，将工作完成得十分漂亮。同时，他还常常对领导和同事进行诸如这样的由衷赞叹："我总是能跟您学到很多东西，是任何学校都学不来的，而且还是免费的。看着您工作起来的样子，我总觉得很有奋发向上的动力。"鲁塞本身的能力就很强，加上他总是能将赞扬的话说得那么深入人心，同事和领导们都对这个小伙子刮目相看。

在职场中，懂得时时夸赞别人是最需要学会的一种说话艺术。好的、恰到好处的夸赞能让对方感到愉快，同时却不觉得突兀，尤其是对上司的夸奖，要想既让上司听得舒心，又不给人造成一种奉承之感，那么，就要注意夸赞的要领了。夸赞上司，你需要注意以下四个要点：

1. 夸什么

这是夸赞中最值得研究的问题。有的职场中人总是把客气当夸赞，总对上司异常恭敬和客气，对于上司所说的每一句话，无论对与错，一味说好，殊不知，这种不分青红皂白的恭敬和过度客气，上司并不受用。还有一些人，总在夸奖上司，但却夸得很牵强，且缺乏新意，这也达不到预期的效果。

2. 在哪里夸

在谁的面前夸？这看似不是个问题，可在职场中，夸的地点却大有讲究。夸奖上司的时候，应力求避免人多的场合，除非你有十分精湛的称赞技术，能把上司夸得高兴的同时，不给同事造成你在"溜须拍马"的印象。如果你还没有练就这么深的功力，奉劝你还是不要当着别人的面夸奖上司，这只会让上司觉得难堪和不好意思。

3. 为什么夸

这直接涉及夸奖的质量。夸赞也需要动脑筋，"泛泛而夸"和泛泛而谈一样让人提不起兴趣，因此，夸赞别人时一定要找准对方不为人知的性格特点和爱好，当你发现被夸者自己都不曾注意和发现的性格和品质时，对方会很高兴；而如果你能更进一步地把对方的缺点和令他自卑的缺憾解释成对方独有的特点和魅力时，这更能激发对方对你的好感。比如面对着做事慢的领导时，你可以说他比较沉稳，遇事有定力。

4. 怎么夸

这是很多人最觉得困惑和难以解决的事情。夸得不温不火，上司感受不到，无疑就是隔靴搔痒，起不到夸赞的效果；夸得太猛烈了，不仅会让领导觉得你别有居心，同事们还会因此把你归入溜须拍马之流。那么，到底怎么夸才合适呢？最完美的赞扬是让好意润物细无声般地流进被夸赞者的心田。其实，这样的效果很容易达到，只要你的赞美是由衷的、真诚的，不是刻意创造或是专门说给他听的，而是从生活的小事之中发掘出来的就可以了。

第五章
赢得友情,怎一个"诚"字了得

"千里难寻是朋友,朋友多了路好走"。交朋友是我们人生中的一项重要交际活动。认识朋友容易,但是维系朋友关系,增进友谊却不简单。有人可能说,我交朋友,只做到一个"诚"字。这固然没错,真诚是交友和维护友谊的基本原则;但是,在现实生活中,结交朋友和维系友情,绝不仅仅靠真诚。朋友之间的交际也是需要讲究一定的原则和方法的,否则,很容易导致昔日的朋友情感破裂。

再好的友谊，也经不起你的过分直白

在很多人的心中，与朋友相处，只需要真诚和直率就够了。于是，他们在与朋友相处时，有什么就说什么，不忌讳，有时甚至伤了朋友还不自知。要知道，得到他人的尊敬，是人的基本心理需求。就是说，所有的人际交往都必须遵循这一交际法则，否则，两人的关系再亲密，也很容易产生裂痕。在与朋友相处时，如果你总是说话口无遮拦，再好的友谊也经不起这种"摧残"。

嘉玉是个心直口快的女孩，办事总是雷厉风行，说话也总是很直白。一次，她约朋友张勋一起出去玩，见面就说："你怎么不换件衣服，看你穿的那件衣服像捡破烂的，丑死了，还不换，不知道的人以为你是劳改犯。"

张勋听罢，顿时有些气愤，嘉玉却接下来又说："不好意思啊，我这人说话比较直白。"张勋也只好忍气吞声地接纳了她的话。

类似的事情有很多，比如，很多时候，她会直接对朋友说，你那个朋友什么玩意儿啊，长得丑不说，说话还难听；她会跟朋友直接说，你现在是越来越胖了，再过一段时间是不是不会走路了？哈哈……然后后面会加上一句，不好意思啊，我说话比较直。

刘冰是嘉玉的朋友，是搞文学创作的，她写的一本小说一年多后终于完稿。在兴奋之余，刘冰就把小说发给好朋友嘉玉，让她给评价一下。时隔一天，嘉玉就打电话给刘冰说，这么差的故事还算小说，我看了第一章就没看下去了……批评一通之后，她又笑嘻嘻地说，我说话比较直，你可别生气啊。朋友刘冰听完后，"啪"一声挂掉电话，那是她们的最后一次通话，以后刘冰再也没搭理过嘉玉。就这样，嘉玉的人缘越来越差，她以前在大学、中学玩得不错的朋友，都不大愿意和她交往了，她最终沦为一个"孤家寡人"。

生活中，像嘉玉这样说话直白，不顾忌别人感受，想说什么就说什么的朋友，任谁都难以接受。一个人的性格可以直白，但是说话太口无遮拦的人，只能说明其情商不够，不能够体会和照顾到周围人的心理承受能力。

其实，同样的一句话，赤裸裸地出现在你面前和包装后的出现，效果完全不同。再好的朋友，也经不起你的过分直白。对于个性直爽的人来说，尽管他带给朋友的伤害都是不带恶意的，但是因为他的表达方式不对，只会让美的、和谐的情感受到损伤。所以，在任何时候请记得，再好的朋友，也抵不过你无底线的直白，讲话的时候拐个弯儿，别把自己的口无遮拦当作大气。当然，如果你是一个直性子，在与朋友相处时，除了说话要委婉外，还需要注意以下两点：

1. 与朋友相处，说话、办事一定要讲究场合和方式，千万别怀着一颗"我是为你好"的心去劝说对方，因为如此会让对方产生反感，甚至会产生"怎么只要我想做的，你就反对？我就这样了，你能怎么着"的逆反心理。

2. 每个人都有自我反省的能力，都会对自己的言行和判断进行反思。因此，如果你是个直性子，要懂得时刻反省自我的言行，切勿意气用事，以免伤了与朋友之间的和气。同时，在与对方相处时，也要时刻站在对方的角度去考虑问题。委婉地说话、行事，这样才能使你的友谊之花常开不败。

与朋友争执，是一场"只输不赢"的比拼

有人说：人与人之间有一种"战争"，你永远不会赢，那就是和朋友的"争执"。这句话道出了维系友谊的基本准则：在任何时候都不要与朋友发生争执，那是一场"只输不赢"的比拼。

在日常生活中，我们肯定会经常遇到这样的一些事情，两位好朋友为了不相干的一件小事而争论得面红耳赤，甚至发展到口角相加，断绝彼此之间的来往。从每个人最深层的潜意识来看，每个人最爱的人是自己，最相信的也是自己，总认为自己是正确的，如果人们都从这个意识出发，只会引起与别人无谓的争论。当人与人之间在相互争论时，十有八九的争论是没有结果的。所以，不要为逞一时的口舌之快失去友谊。

第二次世界大战刚结束时，卡耐基担任罗斯福先生的私人经纪人。有一天晚上他参加了一个为推崇罗斯福而举行的宴会。宴会中，坐在卡耐基右面的先生讲了一个幽默的故事，并引用了一个成语，意思是"谋事在人，成事在天"。

那位健谈的先生提到，他所引证的这句话出自《圣经》。他错了。卡耐基很肯定地知道此语的出处，一点疑问也没有。为了表现自我，卡耐基当场纠正了他。那位先生立即予以回击，反唇相讥道："什么？出自莎士比亚？不可能，绝对不可能，那句话出自《圣经》。"

此时，卡耐基的老朋友法兰克·葛孟也在场。他研读莎翁的作品已多年了。于是他们同意向他请教。葛孟听了问题后，突然在桌下踢了卡耐基一下，然后对卡耐基说："戴尔，你错了，这位先生是对的，这句话

出自《圣经》。"

在回家的路上,卡耐基气哼哼地对法兰克说:"法兰克,你明知道那句话是出自莎士比亚的!"

"是的,当然。"他回答道,"《哈姆雷特》第五幕第二场。可是亲爱的戴尔,我们是宴会上的客人,为什么要证明他错了呢?那样会使他喜欢你吗?为什么不给他点面子呢?他并没有征询你的意见嘛。你应该永远避免跟人家抬杠。真正赢得优势、取得胜利的方法绝不是这种争论,这样的驳论有时能获得优越感,但是却永远得不到人家的好感。"

每个人在和他人相处的时候,总是喜欢证明自己是对的,而别人是错的,即使面对的是好朋友。那么为什么有一些人总是喜欢争论?因为他们要表现出自己比别人强,说白了这就是一种虚荣心。一般来说,争论的目的是想给自己争面子,但是事实果真如此吗?不,争论不仅不能给自己争来面子,还会使得对方丢了面子,因而怨恨自己。

曾任美国财政部长的威廉·麦肯铎,以他多年政治生涯获得的经验,总结出这样一句话:"靠辩论不可能使无知的人服气。"争论不可能赢得朋友的好感,更无法获得朋友的支持。

富兰克林年轻时是一个争强好胜的人。在那时候,他觉得"有理树"总种在自己的家门前。这样,他也就常常在不经意间打击着每一位和他意见不同的人,始终没办法跟别人友好相处,从而失去了一个又一个朋友。直到有一天他的一位老朋友给了他尖刻的训斥,这才使他有如醍醐灌顶,猛然醒悟过来。他决心立即改弦易辙,摈弃先前傲慢武断、喜欢争执的毛病。

"我立下一条规矩,"富兰克林说,"决不正面反对别人的意见,也不准自己太武断,我甚至不准许自己在文字或语言上措辞太肯定。我不说'当然''无疑'等,而改用'我想''我假设''我想象'或者

'目前我看来是如此'这些语言。当别人陈述一件我不以为然的事时,我决不立刻反驳,或立即指正他的错误。我会在回答的时候,表示在某些条件和情况下,他的意见没有错;但在目前这件事上,看来好像稍有不妥等。"

他刚开始做这种改变时,确实觉得跟他的本性相冲突,但久而久之就越变越容易,成为他的习惯了。富兰克林说:"我很快就领会到改变态度的收获,凡是我参与的谈话,气氛都融洽多了。我以谦虚的态度来表达自己的意见,不但容易被他人接受,更减少了一些冲突。"

强词雄辩,或许能使你获得表面的胜利,但却使你同时失去了朋友的好感。

事实上,你在大多数时候,也并不能确定你所持的观点就是对的,而纯粹就是为了好胜而争论。即便你确定自己是对的,也不要试图去让朋友接受你的观点,因为你没有让朋友心服口服的能力。孔子说,己所不欲,勿施于人,所以,当你的观点与朋友的想法发生冲突的时候,还是闭上你的嘴巴,停止争论吧,否则你会得不偿失。

当然了,在现实交际中,当你与朋友发生分歧时,应如何解决呢?

1. 保持平等和尊重

不要固执地认为你是对的而他是错的,朋友之间没有高低之分,如果你持自己百分之百正确的态度,即使对方的确错了,他也会感觉你对他不够尊重,而产生逆反心理,"错了又怎么着?"这是他很自然的反应。

2. 试着去接纳不同,并积极寻求解决之道

人与人之间因为各方面的差异,存在分歧是正常的。所以,与朋友发生分歧时,要懂得理解并接纳他的观点,然后通过积极的沟通,想办法去消除分歧,从而达成共识。

别过于算计人情：不将朋友欠你的人情挂嘴边

在生活中，有些人因为虚荣心的缘故，为朋友做了事情，送了人情，一旦大功告成，便天天将朋友欠自己的情挂在嘴边，生怕朋友忘记。或者是帮朋友办成一件事后，便不知道自己姓什么了，将小事说成是大事，生怕人家忘了自己曾经出过力、立过功，这样只会无形中给对方造成一种心理负担和心理压力，最终使你与朋友的关系变质。

陈斌与刘雷是大学同班同学，两个人的关系甚好。毕业后，陈斌在亲戚的推荐下，进了一家待遇很好的单位，而刘雷还在因为找不到合适的工作而四处流浪，经常身无分文，日子过得很辛酸。后来，一个偶然的机会，刘雷从别人那里得到了陈斌的联系方式，并且听说陈斌现在过得不错，无奈之下，就给陈斌打电话，并说自己要到广州找工作，想向他借些钱。恰好，那天陈斌刚在单位升了职，很是高兴，便爽快地答应借给他1000块钱，最后还大方地说："都是老同学了，拿去花吧，不用还了！"

刘雷很是高兴，没想到陈斌这么热情。后来，陈斌就在他们的同学中到处宣传自己的善举：他借给刘雷1000块钱救急，并说明，自己借给他的这些钱，不用他再还。后来，这话又传到了刘雷的耳朵中，他感觉陈斌的举动严重伤害了自己的自尊心，随即就把钱又还给了陈斌。从此，刘雷再也没主动与陈斌联系过。

陈斌原本是想帮助刘雷的，这也令刘雷非常感动。但是在后来，他心中就一直怀有一种优越感，觉得自己帮助刘雷很了不起，就到处宣扬自己的善举，最终严重伤害了刘雷的自尊心，也伤害了朋友间的情谊。

在人际交往中，陈斌这种做法只是费力不讨好，将自己的付出一并磨灭掉。从心理学的角度分析，很多时候，你确实也帮了朋友的忙，却没有增加自己人情账户的收入，主要是因为你骄傲的态度，将这笔账抵消了，最终还会使朋友对你敬而远之。

其实，为朋友做了事，送了人情后，不要担心朋友因为你不说就忘记你的人情，对方不说也并不因为对方心里不清楚，如果你多说，对方可能会尽快地想方设法去还你的人情，之后便会对你敬而远之。在以后的交往中，即使你再有能耐，朋友亦会另请高明。所以，在帮助朋友后，一定要端正心态，正确地对待你的付出。

要知道，与人做朋友，相互帮忙是应该的，切不可像做生意那样去赤裸裸地算计人情，这样只会让朋友觉得你很势利，或者认为你是个利欲熏心的人，从而最终远离你。另外，除了不将朋友欠你的人情放在嘴边外，还要谨记以下两个原则：

1. 管好你的嘴巴

我们要想与朋友保持良好的关系，就一定要管好自己的嘴。切不可说话不分场合，张嘴乱说，如果有意或无意地触碰了朋友的隐私底线，只会让你惹出一些不必要的麻烦，还会损害自己的名气。

关于此，马克思就做得很好。

马克思住在巴黎的时候，与诗人海涅之间建立了深厚的友谊。海涅是位思想前行者，在与马克思相交的过程中，写下了很多战斗诗篇。

夜晚的时候，海涅总会找到马克思去向他朗诵自己的新作。马克思和夫人就一起帮助他加工、修改、润色，但是，马克思从来未向外人说起过关于海涅的事情，直到海涅的诗作在报章上发表为止。海涅也称马克思是自己"最能保守秘密"的朋友。

因为马克思对海涅的秘密始终"守口如瓶"，最终才能得到对方最为深切的信赖，随后他们的友谊才能不断加深。

2. 不要去触碰朋友的隐私

每个人都有自己不可碰的隐私，朋友也是如此。这些隐私就如每个人的"着火点"，一旦触及，便会伤害到对方。所以，我们在与朋友交往的过程中，一定不要过多地去碰对方的隐私，不该知道的就不要去打听，比如："你以前交过多少个男朋友？你有几个耳洞？你有纹身吗？"等，这些问题不是太过于亲密的朋友，最好不要去问对方，否则，会让对方感到你居心不良，或者认为你是个爱管闲事的人，从而对你生厌。

但若你在说话的时候一不小心碰触到了对方的"着火点"，让对方感到不快了，那么你就应该及时采取适当的方式转移对方的注意力，这样就可以弱化对方因为你冒犯他的隐私而对你产生的厌恶感。

交义不交财：关系再好的朋友，也要明算账

朋友之间，礼尚往来，互赠物品，或者在适当的时候，一起吃饭喝酒等，是情理中的事。但生活中，却经常见到一些自认可以与朋友同生共死的人，为了义气，可以与朋友"有衣同穿，有钱同用"，亲密得让人红了眼。可是后来他们却会因为扯不清的经济账而心存芥蒂，甚至分道扬镳。

心理学上有一项关于人对金钱态度的研究，结果显示人们在心理上对金钱的看法有五个关键的因素：

1. 权力与声望。以金钱来影响他人，视金钱为衡量成功的工具。
2. 节省时间。对未来经济状况做完善的规划。
3. 信赖度。对有关金钱的事物保持着怀疑和不信任的态度。

4. 质量。相信金钱可以换取比较优质的产品和服务。

5. 焦虑。金钱既是焦虑的来源，也是避免焦虑的方法。

这个研究告诉我们，人们对于自己的钱看得还是比较重的。这样就很好理解"亲兄弟，明算账"的含义了，和你是兄弟，这是亲情方面，但是在金钱分配方面，必须要算清楚，因为我害怕焦虑，内心需要安全感。所以，在与朋友相处时，牵涉到利益问题时，一定要算清楚，以免伤害彼此间的友情。

最近，李明跟铁哥们儿张俊闹翻了！起因是张俊向朋友抱怨两人在一起总是花他的钱。

李明和张俊从初中到大学都是很要好的朋友，刚毕业时，两人在一起合租房子。那时候，两人关系极为亲密，每月发了工资都会随手放到客厅的抽屉里，谁想用就自己去拿，从来不分你我。当时，两人还戏称这种情况是"小共产主义"。

后来，由于工作的变动，两人就分开租房了。但是两人的感情却没变，谁缺了钱只要对方吱一声，钱马上就会送过去，从来不记账什么的。

在年初的时候，张俊交了个女朋友，花费一下子多了起来，于是就经常到李明那里拿钱，李明渐渐地就有点不高兴了。

有一次，张俊又要向他借 1000 元，李明当场就拒绝了他。张俊当时很生气，就向周围的同学抱怨："这么多年了，这小子不知道跟我拿了多少钱，一起吃喝都是我付账，没想到现在却翻脸就不认人了！"没想到，这话竟然传到了李明的耳朵里，李明就很生气地质问张俊："你还有理说，你花了我多少钱？上次你妈住院，我不是就送去了 6000 元吗？刚毕业的时候，我挣得工资比你多一倍，那些钱都让谁花了？"为此，两人就大吵了一架，从此分道扬镳，谁也不理谁了！

俗话说："交义不交财，交财两不来；要想朋友好，金钱少打扰。"

如果将友谊建筑在金钱的基础上，就像将大楼建在沙滩上一样，是极不牢靠的。而且严格地说，这种友谊也不能算得上是真正的友谊。如果朋友间的交往都像李明与张俊这样，经济上长期不分你我，必然会带来许多恶果。

首先，它会使彼此间的友谊变质，使本来纯洁的友谊蒙上金钱和物质至上主义的灰尘。久而久之，朋友间平等的关系必然会被金钱交换关系所取代。这时候，被金钱腐蚀了的"友谊"就可能变成掩盖错误甚至是包庇违法犯罪行为的"保护伞"。

其次，"以财交友，财尽则交绝"，因为彼此间的情谊受金钱腐蚀，友谊最终会因为"财尽"而不复存在。

然而，朋友之间交往，总免不了牵涉经济问题，比如请客吃饭、婚丧嫁娶送礼、朋友相互借钱等，面对这些经济问题，我们应如何做，才能在"明算账"的同时，又不伤害朋友间的情谊呢？

1. 请客吃饭

朋友之间为了增进友谊，加深彼此间的了解，在一起吃吃饭、娱乐都是极正常的。在这种情况下，我们最好采用 AA 制。你摆出一副亲兄弟明算账的架势，就一定能得到大家的理解和认可。但是需要注意的是，有些朋友不喜欢 AA 制，觉得这样做会疏远了彼此间的感情，那么，事先与朋友沟通好，要将 AA 制的形式提前提出来，然后才能执行。

2. 婚丧嫁娶

这是人情礼，遇到红白喜事，朋友之间都要送礼表达心意，但是在送礼的时候，一定要把握好这个度。

首先不能超出自己的经济承受水平，量入为出；其次还要考虑到对方的经济条件，因为这些人情礼都是要"还"的，你礼送得太重，就等于无形之中给朋友加上了包袱，这样做也是极不合适的。

3. 朋友间相互借钱

这是朋友间极为敏感的话题。如果有朋友提出向你借钱，你一定要考虑几个因素：首先这个朋友是不是个讲信用的人，再好的朋友也应该考虑他的道德问题，对于品质不好的人本身就不值得你为借不借钱给他而发愁；其次是自己的经济实力，你是否真的有一笔这样的闲钱借给对方，如果没有，可以直接向对方说明情况，如果是真朋友，对方一定会理解的；最后还要考虑对方是否有还钱能力，自己辛辛苦苦挣来的钱当然要花在刀刃上，有去无回的借钱是任何人都不能忍受的。

其实，朋友之间经济上的相互援助也是应该的。但你也要明白，援助从来都是相互的，即便被帮助的一方无能力对等地回报给对方时，自己心里也要有数。记住"来而不往非礼也"的古训，当有机会对朋友的帮助进行报答时，一定要及时报答，使这种物质上的来往大体保持平衡。

当在朋友之间已经或正在产生较大的经济利益关系时，则不要忘记"好朋友还须明算账"，采取适当的方法，互相尊重对方的权益，商妥处理相互经济利益关系的原则和方法，把权利、义务关系弄清楚。这样做，看似无情，实则有义，"买是买，送是送"，可以避免许多无益而有害的纠纷，使友谊更加牢固。

友谊的基础是想法、兴趣爱好上的一致和事业理想上的共同追求，而经济上的互助只是友谊的派生物。如果有人认为友谊是金钱上的互通有无，那么他永远也交不到真正的朋友。

多说贴心话，温暖朋友的心

生活中的我们，身边总少不了朋友。从相知到相识，你们走过了很长的一段路，建立了一份沉甸甸的友谊。而考验你们之间的友谊是否牢固，那就要看你是否愿意在朋友有难时，说一句贴心的话，让朋友感到温暖。

从马斯洛的需求层次分析，人的需求是阶梯式的，从低到高分别是：生理需求、安全需求、社交需求、尊重需求和自我实现需求。而对人施予关怀、爱心，正是满足了人在面临困境时的孤独无援的安全需求。所以，要加深你与朋友之间的友谊，就要懂得时时说贴心话，温暖朋友的心，这样才能让他在获得安全需求的同时，将你看成是他"温暖的港湾"。

王峰今年32岁，是一家独资企业的老板。然而一次失误，他苦心经营了三年多的公司破产了，一夜之间，他不仅成了一个一文不名的穷光蛋，而且还欠了一屁股债，被人追得到处跑。

沮丧的王峰每天都是浑浑噩噩，根本不知道做什么才好。突然有一天，他想起了一个老朋友——周俊伟。王峰和周俊伟是发小，关系自然是没得说。小时候有一次去海边玩，周俊伟不小心掉进水里，是王峰喊人把他救上来的。在童年时光，王峰和周俊伟形影不离。

想到这里，王峰给周俊伟打了个电话，说明了自己的情况。周俊伟在电话里说："哥们儿，你赶紧来我这里，我现在就给你收拾屋子，我的家就是你的家，你随便住！"

周俊伟的话，差点让王峰的眼泪落下来。于是，他买了火车票，简单收拾了一下行李，立即奔赴周俊伟居住的那个城市。

不过下了火车后，王峰又有些犹豫了。因为，他和周俊伟多年未见，彼此之间的关系真的没变吗？记得周俊伟结婚的时候，他去参加婚礼，周俊伟娶了一个娇滴滴的女人，她会不会嫌弃自己呢？

想到这里，王峰决定不再打扰朋友。他翻遍口袋，把仅有的钱翻出来数了一数，在火车站旁找了一间最便宜的小旅馆住下。王峰心想：唉，这日子该怎么过啊！

几天后，王峰的钱彻底没了。不得已，他被老板赶出旅馆，茫然无措地走在火车站广场上。为了生存，他成了一个乞丐，终日在火车站以乞讨为生。

这一天，王峰正在要饭，突然看到周俊伟出现在眼前！他紧张得说不出话，而周俊伟同样也是一脸怒火，带着一身的尘土和倦怠，生气地数落他："你为什么要这么做，下了火车不找我，而是在这里流浪！我整天在街上找你，连工作都不要了，今天才把你抓住！你以为你会麻烦我？告诉你，朋友就是用来麻烦的！你不麻烦我，我才生气呢！"

听着周俊伟的话，王峰终于忍不住了，趴在他的身上号啕大哭。就这样，王峰找到了"立足之地"。周俊伟的妻子也关心和帮助他，让他一点点振作了起来。

终于，没过两年，王峰抓住机遇东山再起，不但还清了贷款，还有了安定的生活。几年后，周俊伟的儿子身患顽疾，王峰二话不说，立刻拿出30万元为他找最好的医院。因为，周俊伟的那句话至今都让自己感到动容："朋友就是用来麻烦的！"

"朋友就是用来麻烦的！"相信这句话的力量，每个人都感受得到。所以，面对朋友的困境时，我们一定要第一时间站出来，对他说："好兄弟，有我在什么都不用怕！"一句简单的话，能够让朋友感受到浓浓的暖意，如此这份珍贵的友谊才会长久。

朋友遇到困难时，心里自然不好受，如果你不管不问，那么他会更加失落，从此对人生不抱任何希望。但是，如果我们能张开"金口"，说一句安慰或鼓励的话，一个词，甚至一个字，对方也会得到心理安慰。

例如，面对投资股票失利的朋友，我们可以说："股市就像人生，有起就有落，下次咱们东山再起！"面对经济紧张的朋友，我们可以说："你差多少钱？你先和我说一下，别闷在心里。我帮你一起想办法！"对于失恋的朋友，我们可以故作轻松地说："别怕，你看我不也和你一样？不行咱俩成一对！"这样的语言很简单，但却能够带来鼓励与体贴，让他分散注意力，减轻悲伤，在温暖关怀中，愈合心灵的创伤。甚至，你还可以训骂他的不当行为，让他明白：朋友都是为自己好！

亲密有"间"：该客气时也须客气

在现实中，很多人都认为：好朋友之间无须讲究客气。他们觉得，好朋友彼此熟悉了解，亲密信赖，犹如兄弟姐妹，可以不分你我。而且朋友之间就该有福共享、有难同当，讲究客气未免太拘束太见外了。然而，事实上朋友关系的存续是以相互尊重为前提的，容不得半点强求、干涉和控制。彼此之间，情趣相投、脾气对味则合、则交；反之，则离、则绝。朋友之间即使再熟悉、再亲密，也不能随便过了头，不讲客气，这样下去，默契和平衡迟早会被打破，友好关系将不复存在。因此，对好朋友也要客气有礼，可以不强调自己的"面子"，但不可以不给朋友面子。

中国素称"礼仪之邦"，用礼仪来维护和表达感情是人之常情。当然，我们说好朋友之间讲究客气，并不是说在一切情况下都要僵守不必要的烦琐礼仪，而是强调好友之间相互尊重。在说话的时候要注意不能伤害到对方的自尊。所以要想友谊长存，我们必须注意避免下面几点：

1. 过度表现，言谈不慎，使朋友的自尊心受到挫伤

也许你与朋友之间无话不谈，十分投机。也许你的才学、相貌、家

庭、前途等令人羡慕，高出你朋友一头，这使你不分场合，尤其与朋友在一起时，会大露锋芒，表现自己，言谈之中会流露出一种优越感，这样会使朋友感到你在有意炫耀自己，他的自尊心受到挫伤，就会对你敬而远之。所以，在与朋友交往时，要保持理智清醒、态度谦逊，把自己放在与人平等的地位。

2. 过于散漫，不拘小节，使朋友对你产生轻蔑、反感

朋友之间，谈吐行动理应直率、大方、亲切、不矫揉造作。但过于散漫，不重自制，不拘小节，则使人感到你粗鲁庸俗。也许你和一般人相处会以理性自制，但与朋友相聚就忘乎所以。或指手画脚，或信口雌黄、海阔天空，或在朋友言语时肆意打断、讥讽嘲弄，或顾盼东西、心不在焉，也许这是你的自然流露，但朋友会觉得你有失体面，没有风度和修养，自然对你产生一种厌恶轻蔑之感，改变了对你原来的印象。所以，在朋友面前应做到有分寸、有节制。

莉娜与朋友一次去酒吧，正好遇到了以前的几位好朋友。

在谈话的时候，朋友们都将目光转向了她的好朋友辛迪，其实是希望莉娜能介绍给他们认识。而莉娜却高声喊着："这个家伙是个女色鬼，大家都这么叫她吧！"说着还拿了一把香蕉放在了辛迪的头上，引得周围的同伴哈哈大笑。莉娜原想，自己和辛迪多年的交情了，经常在一起开玩笑，今天开个玩笑让大家认识她，没什么不好。

然而，辛迪却愤怒了，她将香蕉摔在了地上，将莉娜的车钥匙放在桌子上，快速地离开了酒吧，临走时转头对莉娜说："我以后再也不想见到你这个不尊重我的家伙。"

再亲密的友情，也经不起粗鲁、无礼玩笑的"玩弄"。粗鲁、无礼的行为，会伤及朋友的自尊，让朋友颜面尽失，没有人愿意与不懂得尊重自己的人交往。友谊也只有在理解和赞扬声中，才能持续得更为久远。

3. 用语尖刻，乱寻开心，使朋友突然感到你可恶可恨

有时你在众人面前，为炫耀自己能言善辩，或为哗众取宠、逗人一乐，或为表示与朋友之"亲密"，乱用尖刻词语，尽情挖苦嘲笑讽刺朋友或旁人，大出其洋相以博人大笑，获取一时快意，竟不知会大伤和气，使朋友感到人格受辱，也许你还不以为然，会说朋友之间开个玩笑何必当真，殊不知你已先损伤了朋友之情。所以，朋友相处，尤其在众人面前，应和蔼相待，切勿乱开玩笑，恶语伤人。

4. 彼此不分，违背契约，使朋友对你产生防范心理

朋友之间最不注意的是对朋友物品处理不慎，常以为"朋友间何分彼此"，对朋友之物，不经许可便擅自拿用，不加爱惜，迟还或不还，朋友一次两次碍于情面，不好意思指责你，但久而久之，会使朋友认为你过于放肆，产生防范心理。

5. 不识时务，反应迟缓，使朋友对你感到厌嫌

当你去朋友家拜访时，若遇上朋友正在读书学习，或正在接待客人，或正和恋人相会，或朋友准备外出等，你也许自恃挚友，不顾时间场合，不看朋友脸色，一坐半天，夸夸其谈，不管人家早已如坐针毡，极不耐烦了。这样，朋友一定会认为你太没有教养，不识时务，不近人情，以后就想方设法躲避你，害怕你再打扰他的私生活。所以，若逢此情此景，你一定要反应迅速，稍稍寒暄几句就知趣告辞。

和朋友开玩笑，要把握好"度"

在与人交际的过程中，适当地开些玩笑，既可以松弛神经，活跃气氛，放松双方的心情，同时也可以营造出一个极为轻松愉快的氛围，有

利于你与对方良好关系的形成。但是,你的玩笑如果开得不恰当,则只会起到适得其反的作用,会使人处于极为尴尬的局面,伤害彼此的感情,甚至会惹上大麻烦。

从心理学的角度分析,每个人都渴望拥有自己的一片天地,朋友之间过于随便,就容易侵入这片禁区,从而引起隔阂、冲突,最终导致朋友的疏远、厌倦,友谊淡化。

张宁是一家公司的部门的经理,在与人交往过程中,他总会表现得大大咧咧,而且还十分喜欢开玩笑,为此,周围的朋友给他起了一个绰号叫"开心萝卜",张宁也为此赢得了不少的朋友。

有一次,张宁参加一场成功人士的论坛,在那里遇到了某公司的经理李琳。李琳人长得很漂亮,张宁以前只是听人说过,却从未与她见过面。张宁很想与李琳交朋友,就故意走到她的旁边想向她敬酒。可李琳因为近来身体不大舒服,不想喝酒,就说道:"我今天不能喝酒,只能以茶代酒了。"张宁却开玩笑地说:"交杯酒你总得喝吧?来,咱俩喝一杯,你就当是喝交杯酒。"顿时,大家哈哈大笑,非要李琳喝酒不可。在这样的场合下,李琳的脸色顿时通红,后来便匆匆提前离场了。

事后,张宁意识到自己的那个玩笑开得失了分寸,惹怒了李琳,虽然他也向她赔礼道歉了,但张宁心里很明白,自己的这个玩笑已大大影响了他在李琳心目中的形象。

爱开玩笑的人,一定要分清场合,分清开玩笑的对象,且要掌握好分寸,只有这样才能让对方觉得你有幽默感。否则,只会让别人觉得你是一个粗俗、不懂礼貌的人,从而远离你。

那么在交际场合中,开玩笑时要注意哪些问题呢?

1. 开玩笑要因人而异

开玩笑一定要注意性格差异、男女之间的差别。一般情况下,如果对方的性格较外向、能宽容忍耐,开对方的玩笑就不会出现什么意外,即便说了不合适的话,也会得到对方的谅解。而对性格内向、喜欢琢磨别人的言外之意的人而言,要开对方的玩笑就需要仔细考虑清楚了。另外,男性一般对语言情境很不在乎,一般的玩笑对方都能够接受,而女性则对语言情境比较敏感,不得体的玩笑会使女性很难接受,甚至使她们处于极尴尬的境地。

2. 开玩笑要注意长幼关系与亲疏远近的差异

在交际场上,长者对幼者开玩笑,一定要保持稍为庄重的态度,开玩笑不要太伤对方的自尊心;而幼者对长者开玩笑,首要的就是要去尊重长者;与自己亲近或熟悉的朋友在一起,即便是开比较重的玩笑,也不会影响彼此间的关系。但与自己比较陌生的人在一起,如果对对方的个性、经历、兴趣不了解,就贸然地开对方的玩笑,极有可能招致对方的反感,从而影响今后的进一步交往、发展。

3. 开玩笑要恰如其分,符合时宜

同一个人,在不同的情况下会产生不同的心境与情绪,所以,开玩笑也要看清场合,了解对方的心情。俗话说:"人逢喜事精神爽。"要开朋友的玩笑,最好要选择在对方无忧无虑、心情舒畅的情况下。如果对方是因小事而生气,也可以通过开玩笑将对方的情绪扭转过来,但是,当朋友情绪低落或者遇到难题需要朋友安慰和帮助的时候,千万不要开对方的玩笑,弄不好会使对方认为你在幸灾乐祸,从而与你翻脸,友谊破裂。

开玩笑要讲求场合与环境,一般来说,当你的朋友正在专心地学习或者工作时,你千万不要用玩笑去打扰对方,否则会因影响到对方而惹怒对方。在一些要求保持肃静的公共场合,更不适宜开玩笑,这样会影响到当时极其庄重的气氛,引起人们的误解。此外,在大庭广众之下,最好也不要与你的朋友打趣逗笑，以免影响到别人，招致其他人的反感。

4. 开玩笑的内容要健康

如果你津津乐道男女之间的隐私，向朋友绘声绘色地传播庸俗、无聊甚至下流的情节；如果你捕风捉影，将某些小道消息作为茶余饭后的笑料，这是不负责任的低级趣味。凡此种种，都属于低格调、内容不太健康的玩笑。与朋友在一起，如果你拿这些不太健康的信息与朋友说笑，会让朋友觉得你是个低级趣味的人，最终远离你。你开玩笑的内容一定要带有思想性、知识性与趣味性，使大家在玩笑中学到知识，受到教育，得到陶冶，这样才能让朋友佩服你的幽默，最终对你产生好感。

5. 开玩笑不要揭人隐私，揭人短

每个人都有自己的隐私，每个人也都不会愿意让别人触及自己的隐私，所以，我们在开玩笑的时候，千万不要触及别人的隐私。如果你拿对方的隐私开玩笑，很容易伤害对方的人格和自尊心，会让对方认为你是一个没有修养、十分无趣的人。如果你拿其他人的隐私去与你的朋友开玩笑，如果这话传到被说者的耳朵中，会给你招来许多不必要的麻烦。所以，关于他人隐私的内容，还是要少触及。

给朋友留面子：点到为止，别令人难堪

中国人爱"面子"，所以，无论你与周围的朋友关系再好，也要懂得给对方留面子。面对他的过错、尴尬或丑事，要做到看破不说破，给他人留面子，能使他人对你心存感激，能"化敌为友"，是维护友谊之花常开的重要基础。

人为何爱面子呢？从心理学的角度分析，因为面子几乎主宰人的一

切，与人交往要靠面子来处理和维护，社会生活也需要靠面子来维系。可以说，面子是人社会交往的"通行证"，有它，你便能逢山开路，遇水搭桥，化难为易，化敌为友，化险为夷。

另外，在社会活动中，面子也好像人的一张"精神面具"。人在潜意识中认为，一个人首先要在世俗社会中保持自己人格的完整性，他们"做人"是为了别人才去"做"一个人为的角色，有点扮演的性质，也正如瑞士心理学家卡尔·荣格所说的"角色面具"，即便最后为了自己也得先考虑别人的感受，这就好比演员，他的价值基本上要取决于观众对他的评价，观众喜欢他，对他评价好，他就有头有脸，身价百倍；如果他不受欢迎，恶评如潮，他就灰头土脸，搞不好还会被轰下台来。从这个角度上分析，给别人面子，就是尊重他的人格。扫他面子，就是在侵犯他的尊严。所以，在现实交际中，维护好别人，尤其是朋友的面子，是维护好友情的基础。

关于这一点，《红楼梦》中的薛宝钗就很值得学习。

黛玉和宝钗是大观园中一对很要好的姐妹。有一次，贾母等人在大观园进行猜拳行令游戏，黛玉无意中说出了几句《西厢记》和《牡丹亭》中的艳词。这类书在当时是禁书，从黛玉这样大家闺秀的口中说出，更是会被人指责为大逆不道，有伤风化。

好在，当时很多人都没有听出来。但此事瞒得过别人，怎能瞒过宝钗？然而宝钗却没有感情用事，图一时之快，借此机会让黛玉难堪。她并没有宣之于众，给黛玉留了余地，留了面子，也给自己和黛玉化干戈为玉帛提供了契机。

事后，在没人处，宝钗私下叫住黛玉，冷笑道："好个千金小姐，好个尚未出阁的女孩儿！满嘴说的是什么？"一个严厉的下马威，让对方感到问题的严重。

黛玉只好求饶说:"好姐姐,你别说与别人,我以后再也不说了。"

宝钗见她满脸羞红,至此便适可而止,没再往下追问。

这已让黛玉感激不已了。而宝钗更加精明之处在于,她还设身处地、循循善诱地开导黛玉:"在这些地方要谨慎一些才好,以免授人以柄。"

此番真心实意的关心,结果"一席话说得黛玉垂下头来吃茶,心中暗服,只有答应一个'是'了"。

此事之后,宝钗果然守口如瓶,没有向任何人透露半点黛玉失言之事。

这使黛玉改变了对宝钗一贯的成见,诚恳地对她说:"你素日待人固然是极好的,然而我又是个多心的,竟没有一个人像你前日的话那样教导我……比如你说了那个,我断不会放过的;你竟毫不介意,反劝我那些话;若不是前日看出来,今日这些话,再不对你说的。"

至此,宝钗和黛玉已达成和解。

抛出话音轻点一下,聪明之人便可领会。宝钗懂得在最恰切的时候点到为止,给黛玉留了七分颜面,给自己腾出三分空间。只有这样的"空间"多了,你的"深宅府第"中才能容得进更多的朋友。当然了,要给朋友留面子,不但要学会在众人面前尊重他,还要做到以下两点:

1. 学会赞美和鼓励朋友。从心理学角度分析,给人"赞美"实际上就是在尊重和抬高一个人的人格,会让对方产生"成就感",会觉得很有面子。

2. 要维护朋友的面子,还不要总提及他的"伤心事",切勿总拿他的缺点开玩笑。每个人潜意识中都有扮演"强者"的心理愿望,尤其是男人表现得更为强烈,他们总是梦想自己是一个天生的成功者。对于曾经的失败或伤心事,他们讳莫如深,所以在生活中,我们切勿去揭对方的"伤疤",否则,有可能会刺激到他们,使他们恼羞成怒。

积极主动，问候的电话要常打

你是否有这样的体会：某一天，突然发现，好久没有跟同学联系了，可是拿起电话又不知道该说些什么，于是叹一声气，选择了继续沉默。相信很多人都有这样的体会。人际关系往往会随着时间的推移和距离的拉开逐渐地淡漠，等到你再想起来的时候，却发现一切都无法回到从前，长时间没有在一起，与朋友之间已经没有了共同话题。那么，该如何让自己的友谊变得长久呢？

事实上，之所以会出现上面的情况，是因为你想当然地以为没有话说，因而就长时间地不去联系，所以才会越来越没有话说。如果你能够在此之前，始终与朋友保持联系，那么相信关系不至如此淡疏。有的时候，虽然没有话说，但是我们可以以简单的问候来作为交流的方式，听起来虽然很俗，但是却非常有用。

托尼和艾伦同时就读于美国加州一所大学的同一专业，两人同班了四年，然而毕业后，两人各自回到自己所在的城市，开始了他们忙碌的工作。因此，在毕业之后的半年时间里，两人几乎没有联系过。

后来，等托尼一切安顿下来之后，突然想起了自己昔日的好友艾伦，他很想知道他的近况，但拿起电话的时候，突然觉得不好意思开口，因为两人好久没有联系了，一种陌生的感觉油然而生。

但是，他还是决定要问一问，毕竟四年的好友情谊不能因此而失去。于是他试探性地发出了一条短信：我是托尼，如果你有时间或者方便的话，请及时给我发个信息。过了一会儿，电话响了，托尼一看是艾伦的，赶紧接了。两个人在电话里又恢复了在大学时候的状态，海侃了一通。

这一个电话使得两人的关系瞬间拉近了不少,半年的隔阂也消除了。从那以后,托尼经常会发个问候性的短信给艾伦,艾伦同样也会这么做。两人的感情并没有因为分开而冷淡下来。

每个人都是希望被别人重视和关注的,如果你能时常问候一下自己的朋友,那么当他接到你的问候的时候,心里一定会涌起一股暖流,你在他心中的地位也必然是不一样的。你们的关系也会因为你时常的问候而不至于淡漠。

无论你与朋友距离很远还是近在咫尺,千万别忘记抽一点点时间,给你的朋友送上一声问候,哪怕是仅仅"近来可好吗?"的短短几字,也会在不经意间里,让你的朋友真切地感受到你还关心着他(她)。

问候其实真的很简单,节日的时候,可以送去一份祝福;平时的时候,可以问候一下近况;失落的时候,可以送去一份安慰;开心的时候,可以送去一份祝贺。无论怎样的问候,相信都会让对方感觉到温馨和感动。平日里的一声问候,虽然不起眼,却在人际关系中发挥着无可替代的作用。

其实,与朋友保持"通信"非常容易,现在的信息技术非常发达,可以采用以下几种方式与朋友保持联系。

1. 时时记得给朋友发短信,短信内容可以非常随便,可以是一个笑话,比如:看完新闻,妻子激动地问:如果是你乘坐"神舟五号"飞上太空,最想告诉我的感觉是什么?丈夫抓紧了妻子的手,说道:还是地球好,有吸引力!也可以是一个简单的问题:今天看了什么好电影或者好书?

2. 现在快递非常发达,如果能时常给朋友快递一个礼物,或者是一本书,或者是一盒碟子,也会显得友情的珍贵,让朋友喜出望外。

3. 那就是QQ通话了。不过这里需要注意,QQ虽然可以增进彼此之间的了解，可是如果一直都是QQ交流的话，会对彼此造成一种隐性的陌生，因为网络本来就是陌生人的世界，用陌生人的方式交流久了，朋友也有可能变成心中的陌生人。所以，QQ通信的同时，最好要能够时常地使用语音功能，进行直接的对话。

4. 直接见面。如果遇到一些假日或者小长假，在时间允许的范围内，如果能够去看一下朋友，与朋友进行一个聚会，则显得更加难能可贵，给彼此留下深刻的印象。

朋友是用来"麻烦"的：互帮互助，关系才能越来越好

心理学指出，仁慈心、同情心是人类情感世界中最基本的组成部分，每个人都有同情弱小、怜恤受难者的仁慈感情，这是人的本能，也是人性中的闪光点。这种同情心，可以照亮世界。但是，许多人在与朋友相处的过程中，会出于高傲的心态，害怕被别人帮助，认为被朋友帮助是很没面子的事情，这等于在拒绝自己的世界被照亮！还有一些人，生怕欠朋友的人情，所以不肯接受朋友的帮助，这自然不利于维系与朋友之间的情感。

要知道，朋友不是"收藏品"，只有时刻与之发生联系，才能使彼此间的关系越来越亲密，也只有时刻去"麻烦"，才不会使朋友之情"生锈"，甚至消亡。

晓娟是个极负责任的女孩子，朋友委托她办的事情，她都会尽力去办好。但是她自己却不愿意欠别人的情，如果哪次别人帮她办了事情，她就会觉得内心不安，总是要想方设法去还对方的人情。

有一次，她生日的时候，好友林盈送了她一条围巾，而她的内心却

耿耿于怀。随后,她请林盈吃饭作为回报。她认为只有这样自己的心里才会觉得舒服些。

时间一长,朋友们都说,与晓娟在一起实在是太累了,因为她太见外,不把自己看成朋友。之后,也没人委托她办事了,一些朋友甚至和她联系也越来越少了。

这让晓娟很困惑,她实在想不通:自己这么在意与朋友之间的"人情",如此注重"礼尚往来",可为什么大家反而离她越来越远了呢?

晓娟被朋友疏远,主要是因为她不懂得,大方自然地接受别人帮助,其实正是增进双方感情的好办法。毕竟,同情心、仁慈心是人类的本性,如果总是不自然、不情愿地接受朋友的帮助,总想着还朋友的人情,会让朋友觉得你没将他当朋友,这一定会伤害对方的心。

有一次,记者去拜访李嘉诚,并向他请教:"您周围为什么有那么多的朋友呢?"李嘉诚回答:"因为我知道一句神奇的格言。"

记者忙问:"什么格言?您能说给我听吗?"结果,李嘉诚说了一句让他大吃一惊的话:"这句格言就是:我需要您的帮助!"

记者不解地问:"您需要他们帮助您什么呢?"

李嘉诚回答:"每当遇到我的朋友时,我都会向他们说:'我十分需要您的帮助!'

"很多人都会马上问道:'需要我为您做些什么呢?'

"随后,我们就把话题打开了。因为经常发生关联,所以朋友就越交越多,朋友间的感情也越来越深。"

卡耐基也说过:请求对方帮一个忙,不但能使对方觉得自己很重要,而且也会使得你赢得友谊与合作。李嘉诚用一句"我需要您的帮助",迅速地开启了朋友的心灵,也迅速地拉近了与朋友间的沟通距离。这使他赢得了更多的朋友,同时也使他与朋友之间的感情越来越深。所以,我们在与朋友交往的过程中，一定要时刻去"麻烦"朋友，时刻与之发生关联，这是巩固友谊的法宝之一。

在生活中，每个人都难免会痛苦、会颓废、会寂寞、会感觉力量单薄，这时候你需要朋友的劝解和安慰，你在快乐时需要朋友与你一起分享，你在成功时需要朋友的鲜花和掌声。不要做一个孤独的人，你的身边不能缺少朋友，去帮助你的朋友，也接受朋友的帮助，那么你的人生就永远不会暗淡和无助。

有位哲人说过：给予比获得更令人感到幸福。所以，你要学会勇敢地将帮助朋友的"幸福"给朋友，让他们知道，你"需要他们的帮助"，需要去"麻烦"他们，这样才能让朋友觉得你时刻想着他们，才能与你更为亲密。

美国历史上著名的外交家、科学家本杰明·富兰克林，就曾经运用"求助法"，将一个交往甚浅的朋友变成了他的至密好友。

当时，本杰明·富兰克林还十分年轻，他凭着自己的才干，不但成功地开办了一个印刷厂，还当选为费城市议会的文书办事员。但是，他的才能却招致了议会中另一位"既有钱又能干"的议员的敌视。后来，富兰克林慢慢地用耐心化解了对方对自己的敌视，但两人中间却始终有障碍。

本杰明·富兰克林也极为欣赏对方的才华，就想与对方成为至交。他听说，那位议员拥有一个图书室，里面存有一本非常稀有的书，于是，就写给他一封短信，表示自己很想阅读这本书，请对方帮个忙！结果，这位议员马上叫手下的人将那本书送了过来。

过了约一周，本杰明·富兰克林就将那本书还给了议员，并附上一封信，表示非常感激他的帮助。这样一来一往，两人之间的障碍渐渐地消除了，那位议员也成了本杰明·富兰克林的忠实支持者，两人交往也甚密。

这个事例给我们启示：如果你想加深与某个朋友的友情，那就多请他帮你忙。一个小小的帮助可以迅速消除朋友间的障碍，可见"求朋友帮忙"有时比"帮助朋友"更有意义。所以，当你需要朋友帮助的时候，千万不要难为情。一句话"能帮个忙吗"，不仅可以解决你的困难，而且很有可能使你与朋友间的感情更进一层，何乐而不为呢？

在现实生活中，一些人往往为了满足自己的虚荣心，经常喜欢"居高临下"地向朋友"施恩"，或者向朋友"训话"，这样只会损害朋友的自尊心，让朋友远离你。所以，我们一定要在良好沟通的基础上，经常"麻烦"朋友帮自己一个忙，或者虚心地就某个问题请对方"指点"我们。这样一来，不但能使对方觉得自己重要，而且也能使我们赢得友谊与合作。

其实，"帮忙"这种事，都是互相的。你在向别人提供帮助的时候，同时也是在为自己积累经验；而你向别人请求帮助时，也等于给别人提供了一个机会。比如，一个病人有可能会对医生感恩戴德地说："非常感谢您为我做了手术，让我这么快就恢复了健康。"而医生却觉得："有了这样一个病例，真是让我积累下了不少的工作经验，使我的能力提高了许多！"所以，在做手术这件事情上，不仅医生帮助了病人，病人也帮助了医生，双方都给对方提供了新的机会，两者的感情也在这种"帮助"中持续"升温"。

与朋友交往，其实正是要实现这样的合作。所以，我们应该让自己的心更开放、更宽容，不要拒绝朋友的帮助，勇敢而自然地接受朋友的帮助，是你赢得朋友的心的"最佳策略"之一。

必要时，拿出"秘密"这张话语王牌

人们常说，好朋友就应该有福同享、有难同当，说的就是朋友之间应该学会分享，既要分享彼此的快乐，也要分享彼此的忧伤。但是有一样东西的分享最能说明朋友交情的深浅，那就是朋友的秘密，如果你能够把自己的秘密告诉朋友，那么就会让朋友对你格外的重视。

袁倩和柳梦是同桌，但是袁倩来自城市，家里非常富裕；而柳梦来自农村，家里非常贫穷，两人虽然同桌，但是彼此很少说话，每次总是袁倩找柳梦说话，袁倩问一句，柳梦就答一句。但是袁倩觉得柳梦这个人非常朴实，很想与她交朋友。

有一天，袁倩和柳梦都在座位上，袁倩对柳梦说："我想跟你说一件事，但是你不能跟别人说，行不？"

柳梦问道："什么事情？"

袁倩再次强调道："你要帮我保密，行不？"

柳梦说："行，我不会跟别人说的。"

袁倩告诉柳梦："我喜欢上了一个男生，这个男生对我非常好，送了我很多礼物。可是我知道现在不是谈恋爱的时候，真是烦人，他的学习成绩也好。"

柳梦听了内心一惊，她没有想到袁倩这么小就开始谈恋爱了，顿时感到非常意外，她更没有想到这样的事袁倩也敢说出来。

看到柳梦脸上微微一笑，袁倩就急了，请求道："我是把你当作好朋友才与你讲的。"

柳梦答道："放心吧，我一定会替你保密的。"

袁倩这才放心道:"我就知道你会替我保密的,你说我现在应该怎么办?"

柳梦说:"这个,我也不知道。"

柳梦没有想到袁倩竟然把这么秘密的事情都告诉了自己,从此以后把袁倩当作自己的亲密好友,以前有困难都不轻易找袁倩帮忙,后来有什么事情都常常找她帮忙,袁倩也非常乐意帮柳梦的忙,于是两人的关系就越来越亲密了。

每个人都有自己的秘密,有的秘密甚至不愿意与自己最亲的人,即爸妈都不愿意讲,但是却会与自己的好朋友讲。所以,当你把自己的秘密告诉别人的时候,就表示你信任这个人,那么自然就会赢得对方的好感。这种内心深处的交流远远胜过表面形式的交流。

不过需要注意的是,对别人说出你的秘密,会为你带来友情;但是,正所谓人心难测,如果不是很有把握的朋友,千万不要轻易说出口,否则他有可能四处散布你的秘密,让你后悔莫及乃至痛不欲生。在对别人说出你的秘密之前,需要考虑两点:

1. 你对这个人的本质了解得比较透。这个人你已经观察很长时间了,而不是一时之间心血来潮,你对这个人的道德品德有相当的把握。

2. 你要设想最坏的打算。你要清楚当你的秘密被人传出去之后,会有怎样的效果。如果这个效果是自己可以承受的,那么就可以告诉别人,比如你可以告诉别人,你家里很穷,最坏的结果是人家看不起你,这个结果是可以承受的。如果这个后果不能承受,那么任何人都不能说,比如行军作战的计划。

把这两点考虑清楚之后,就可以确定你是否可以对别人说出你的秘密,打出那张维护友谊的"王牌"。

第六章
张弛有度，赢得谈判不再是难事

  谈判也是人际交往极为重要的一部分。有的人可能会想，谈判是那些高层领导者或者商业巨头的"专利"，跟我们普通人似乎没有关系。实际上，谈判充斥在我们生活的角角落落，我们也无时不在与人谈判。无论是我们在逛街时与店员的杀价活动，还是我们在恋爱中规划未来的生活蓝图，或者是在家中与孩子讨论该几点睡觉，职场上与老板谈薪水，等等，都属于谈判。可以说，学会谈判、掌握必要的谈判方式与技巧是每个人生活的必修课。当然了，从交际学的角度分析，谈判不是一场"搞定对手""设置陷阱""培养内线"，甚至是你死我活的相互对抗，而是通过一定的方法，达到双方共赢、互惠互利的结果。

想增强你的话语威力：拿准确的数据出来

很多时候，谈判是一场利益的博弈，你的一举一动往往决定着最终的胜负。所以，要想让自己稳操胜券，那就要在谈判桌外做好一些必要的"功课"，比如在谈判中需要用到的数据。很多时候，你想说服对方，与其长篇大论讲大道理，不如拿出自己事先掌握的准确数据更能说服对方，从而为自己赢得主动权。

中国的一家冶金公司需要购买美国一家公司的一套组合炉，派了一个工程师带队去跟美国公司进行谈判。

谈判之前，工程师就对这家公司进行了一番了解，知道这个美国公司仗着自己的技术先进，对外十分强硬和高傲。为了取得谈判的优势，工程师收集了大量的关于组合炉的资料，不仅对这个公司的情况了如指掌，而且对世界上的市场也非常清楚。

谈判一开始，美国公司就说："价格就是 230 美元，你们也不用讨价还价，不买就算了。"说话的语气非常的决绝。

工程师听了之后，依然表现得很平静，举出了他们把这套组合炉卖给其他国家的价格。

美国代表没有想到中方代表了解得这么清楚，一个个惊愕不已，于是松了松口说："最低就是 200 美元。"

工程师还是觉得偏高，而想以 180 美元成交。

听到提出 180 美元的要求，美国代表显得非常不满，把协议书扔了过来，说："200美元是我们最大的让步，我看你们没有什么诚意，如果咱们不能合作，那就算了吧。反正你们不买，我们还可以卖给别人。"

工程师笑了一笑，随即用手摆出一个请的动作。美方代表看到之后就立刻走了出去。

看到这个情形，中国公司的其他人员都着急了，于是纷纷责问工程师。

工程师笑着说："你们就放心好了，他们这些人会回来的，你们不知道，一样的东西，他们去年卖给法国的价格是175美元，让他们卖180美元是再正常不过了，不要被他们那副样子给蒙蔽了，不要忘了他们是商人。"

果不其然，第二天，美国代表返回到了谈判桌上，工程师依然笑了笑说："你们这套设备，去年卖给法国是175美元，我们现在以180美元购买，这样过分吗？"

美国代表内心一惊，但还是故作镇定地道："去年是去年，今年是今年，物价都上涨了不知道多少。"

工程师说："物价的上涨不会超过6%，才不到一年时间，能够涨到多少？"

美国代表无话可说了，最后只好以180美元的价格出售。

中国公司处于弱势，美国公司处于强势，如果工程师没有事前精心调查，掌握那么多数据资料，在谈判中必然会吃大亏。但是掌握了"175美元"和"6%"这两个重要的数据，然后可以用具体的数据来说服他们，取得最有利的谈判效果。

谈判之时，数据之所以如此重要，首先是因为有了数据，自己的心里就有了底，在气势上不会输给对方；其次是在谈判之时，可以有理有据地进行讨价还价，不至采用毫无力量的请求或者胡搅蛮缠的方式，让对方看出你的无备。

要做到用数据来谈判，你需要注意以下几点：

1. 事前要进行调查。你所掌握的数据或资料，一定要事先进行严密的调查，以确保它的准确性和正确性。否则，很容易被对方抓住把柄，使你"吃闷亏"。

2. 要熟记相关的数据。如果能够记住就尽量记住，因为记住数据并在谈判中随口道来，会产生一种威慑力量。因为谈判的对方对于他们自己的一些情况，尤其是数据，很有可能也没能记忆清楚，在谈判之时，无形之中会让他们居下风。有人认为直接把数据给记录下来带到谈判场就行了，当然，如果你记忆力不够好，或者是数据太过复杂或者太多，可以采取这种方式。但是，最好不要带着数据到现场，因为那会让对方看出你的不专业，觉得你前面的"功课"做得不到位，从而抓住把柄，置你于被动地位。

3. 数据要有系列性。当你在谈判桌上能说出一系列的数据，便可以增强你的说服力，而零散单个数据的说服力就相对弱一点。

4. 数据要准确。这是最基本的一点，如果掌握的数据不够准确，那么不但会惹人笑话，而且还会计自己因为"失误"而心慌，从而处于被动地位。

对方迫使你让利：那就坐下来，仔细与对方算笔账

在一些谈判活动中，难免会与对方产生矛盾或摩擦，常见的问题是：双方本来谈好了价格，就差签合同了，但这时对方则又说出一些原则或难处，想让你让利。在这样的情况下，如果你还想与对方合作，那么坐

下来，耐心地给对方好好算笔账，用实际的数据来摆明你无法让利的原因，是一种比较不错的解决问题的方法。

卡耐基需要租用一个旅馆的大礼堂讲课，每个季度讲20次课，共付给这个旅馆1000美元。但是有一个季度刚刚讲完第一次课就接到旅馆老板的通知，说租金要增到原来的四倍。卡耐基非常生气，但是讲课已经开始，再行更换已不可能，于是就想去说服这个旅馆老板。

走进旅馆老板的办公室，卡耐基说："接到你们涨价的通知我感到非常震惊，但是站在你们的立场上考虑，我也并不感到非常意外。你作为这个旅馆的老板，有责任让旅馆盈利，可问题是你这样做真的能增加盈利吗？"

卡耐基顿了一下，接着道："我来帮你算一下，如果你把礼堂租给人家办舞会，自然可以多得到一些租金，但是这种活动只是偶然的，时间不长，一次给你200美元，20次就是4000美元，这样听起来，你的确是亏了。

"但是你要知道，如果你增加我的租金，实际上就是降低了你们的收入。为什么这样说呢？如果你坚持增加租金，我租不起就要搬到别的地方去，把我赶跑了，你不是减少收入了吗？而且你要知道，到这里来听课的人都是一些高管人员，对你来说，这也是一个免费的广告。你想想，如果你花5000美元登广告，能吸引到这么多人来你的旅馆吗？"

说完之后，卡耐基就走了，扔给旅馆老板一句话："考虑清楚后再联系我。"

最后，旅馆老板还是以原来的价格把大礼堂租给了卡耐基。

遇到人家临时变卦，很多沉不住气的人都会这样做：都说好了价格，却要在中途迫使我们让利，这不是存心勒索吗？从来没有见到过像你这样无耻的商人。这样的话一出口，固然很解气，但却也彻底得罪了对方，对方可能还会变本加厉地加你的价，如果对方在气愤的时候，迫使你再换场地，那么你也只好吃下这"闷亏"了。但卡耐基是一位聪明的交际大师，他并没有说旅馆老板如何不是，而是从旅馆的立场出发，从正反两个方面加以说明，通过比较说明增加租金会得不偿失，最终说服了旅馆老板不加价。

这种谈判的好处就是，通过理性的分析，让对方清楚地知道自己的利益得失，任何人都希望自己的利益最大化，如果让他看到提价就会失去合作伙伴，最终使自己的收益减少，他就不会做这样亏本的生意了。同时，当对方向你提这种无理的要求时，他在心理上也会觉得理亏，但由于内心欲望的驱使，他也会狠下心做出决策，但是他的内心也会因此而感到不安，甚至等待着对方对自己的责骂。如果能够心平气和地与他谈，而不是进行激烈的争吵，会让对方感到比较舒服。

所以，当我们遇到类似这样的谈判对手时，要注意以下三点：

1. 要学会自我克制，一定不要随便发脾气，与对方发生争执，因为这样的后果就是谁也不让步，最终给彼此带来损失。

2. 你要设身处地地站在对方的角度，对对方的利益得失进行一番思考；同时，也要想办法让对方能站在你的角度考虑一番，让他清清楚楚地看到自己的利益得失。

3. 即便是由于一些非常现实的原因，对方迫使你让利，你也要拒绝。否则，对方就会利用你的这种退让，得寸进尺，进而再一次损害你的利益。

探"底牌"有方法：不留痕迹地摸清对方家底

中国兵家讲：知己知彼，百战不殆！要想在谈判桌上占据优势，必须要"知彼"，即摸清对方的"老底"。只有真正地了解了对方的底细，才能抓住其弱点，顺利制胜。当然了，每个谈判者都事先有准备，要摸清对方的"家底"，并非是件易事。但是一些谈判高手，则会运用巧妙的语言艺术，不留痕迹地去探听到对方的底细。比如，他们可以通过不动声色的闲聊，或者旁敲侧击的询问，使对方的"家底"完全显露在自己面前。

松下幸之助是日本松下电器公司创始人，在他刚刚工作的时候，曾经跟一家公司进行合作谈判。结果不小心被对手探明到了自己的底细，于是对方趁机压价，松下幸之助的利润被压缩殆尽。

当两方到达谈判会场之时，刚一见面，对方就友善地跟松下幸之助打招呼："我们是第一次打交道吧？以前我好像没见过您。"这句话其实是想利用寒暄来探测对手究竟是生意场上的老手还是新手。

由于松下幸之助年纪轻轻，十分缺乏经验，中了对方的圈套，直接而恭敬地回答道："我是第一次来东京，什么都不懂，还请你们多多关照。"

听到这样的回答，让对方心中暗喜，于是，对方接着问："你打算以什么价格卖你的产品？"

松下幸之助又如实地告知对方："我的产品每件成本是20元，我准备以25元的价格卖给你们。"

对方听了就更高兴了，因为他知道松下幸之助在东京人地两生，却又急于为产品打开销路，才说出这么低的价格，但是他们趁机杀价："你首次来东京做生意，刚开始应该卖得更便宜些，不然怎么能打开销路呢？每件20元这个价格你看怎么样？"

尽管没有赔本，但是松下幸之助在这次谈判中吃了大亏。

通过旁敲侧击的方式，对手顺利地搞清楚了松下幸之助的"家底"，成功地在谈判中赢得了主动权。

所以，在谈判桌上，我们主动通过语言艺术去了解对方是一件极为重要的事情。首先，我们可以根据对方话语中的"弦外之音"去猜测，对其经历和背景有一个大致的了解。其次，要清楚这个谈判对手的个性特点，尤其是要在聊天过程中打听关于他的一些著名事迹，要牢牢地抓住他的弱点，使其在谈判中处于被动的地位。另外，在谈判中，我们也可以通过对方的姿势、手势、眼神、表情等非发音器官无声巧妙地摸清对方的"底牌"。当然，在一些特殊的环境中，有时候是需要沉默的，恰到好处的沉默往往可以收到意想不到的良好效果。

用好"最后通牒效应"，迫使对方下决心

心理学中有种现象叫"最后通牒效应"，讲的是人们在做一件事情时，迟迟不肯动手或下决心，能拖就拖，但在不能拖的情况下，比如条件不允许或到了规定的时间时，人的效率便会变得高效起来，直到顺利完成。这种心理学效应，经常被运用到销售或谈判中，即指，在谈判双方无法达成一致意见，而对方又摆出一副拉锯战的姿态时，给对方下"最后通牒"，向对方宣布谈判的截止时间，迫使对方下定决心，直到达成交易。

深圳一家企业需要从广州某厂购买一套高效的生产设备，深圳公司派代表到广州去与对方进行商务谈判。双方的谈判从早上一直持续到晚上，却因为价格问题，始终没有达成一致。于是双方只好决定在第二天进行新一轮的谈判。

为了取得谈判的成功，整整一个夜晚，深圳代表团都没有睡觉，坐在一起商量对策，希望想出一个绝妙的办法促成这次谈判的成功。

第二天，为了打破僵局，深圳代表方便抛出了自己的撒手锏："这样吧，明天是我们谈判的最后期限，如果明天仍然不能达成协议的话，我们就只有另找下家了。所以请你们回去再仔细考虑一个晚上，让我们一起珍惜这最后的谈判机会吧！"

其实，深圳方代表的语气显得果决而轻松，但实际上的压力却不小。因为公司下达的命令，年底以前必须签约，所以时间非常紧迫，如果不能够顺利完成交易，公司将面临来年计划无法顺利实施的窘迫局面。但是，为了拿到合理的价格，为公司争取最大的利益，深圳公司代表除了孤注一掷再没有办法。

听了深圳方代表的话，广州那家企业的代表有了一定的动摇，因为他们卖这台设备并不会亏钱，只是赚多和赚少的问题，所们他们连连说道："让我们考虑一下，让我们再考虑一下！"

次日早上，双方又进行了一轮谈判，在交换意见的过程中，深圳方再一次强调："这是我们最后的期限了，否则我们将另找他家。"

深圳方代表明显发现对手的口气变得软了许多，再没有前几日的强硬，于是就主动出击，穷追不舍，仍然一口咬定对方必须将价格降到自己提出的价格上来，否则就会放弃这次购买计划。

最后，广州方的代表终于妥协了，深圳方的代表也为了给对手一个面子，让了一小步，于是最终以深圳方期望的价格达成协议。

签署完合同后，广州方代表笑着说道："你们这群人真是太厉害了，硬是逼着我们妥协了，不过还是希望彼此在今后能长期保持合作。"

深圳公司的代表使用的撒手锏就是"最后通牒效应"，他们不断地告诉对方谈判的最后期限，迫使对方下决心。当然，广州方在不得已的情况下，终于让了步，双方顺利达成了交易。

在美国底特律，有一家汽车公司与德国一家公司进行交易谈判，由于双方各持己见,互不让步,使得谈判时间持续了一个多月,同时,别国公司向汽车公司下的订货单源源不断,这时汽车公司总经理就发出最后通牒说:"你们若是迟迟不做决定的话,我们五天之后就没有货了。"

听到这个消息,德国代表就感到焦急起来,于是只好接受了美国汽车公司的条件,签下了久久迟疑不定的单子。

在谈判中,最先发出最后通牒的一方,一定会使事情向对自己有利的方向变化,因为从心理上讲,当某一最后期限到来时,人们迫于这种期限的压力,会改变自己原先的主张,以求尽快解决问题。也就是说,当你对对方下最后通牒的时候,你就占据了谈判的有利位置,就有了"行不行你看着办"的味道,比较容易让人屈服和让步。所以,当谈判处于僵局状态时,你可以尝试运用这个方法,赢得谈判的成功。当然,在运用"最后通牒"效应的时候,你需要注意以下几点:

1. 说话的口气一定要果断而决绝。就是说对方一听,感觉你已经有了放弃与对方交易或沟通的念头,让人产生一种绝望感,并且为了挽救危局而做出自己的改变。

2. 这个"最好的"时间要尽量精确。精确的时间更能让人产生警惕,模糊的时间则不易引起人的警惕。比如最好说:公司规定我们的谈判时间是明天下午五点三十分,如果还没有合理的结果,我们就不得不去寻找下一家。而不要说:我们的谈判最后期限还有几天,要是谈不好的话,我们可能就要找下一家了。

搞定强硬谈判对手有秘诀:转移话题,曲线进攻

无论在生活,还是在商场中,谈判实际上就是相互协商、相互妥协的过程，最终互有承诺从而达成共识。正因为如此，谈判中包含着冲突与合作的双重因素，也就是说，谈判的目的既是为了合作，也是为了避免冲突。

谈判中，我们可能会遇到这样的对手：对方立场坚定，态度强硬，任你磨破嘴皮，他就是不改初衷。在这种情况下，为了不至浪费更多的时间和精力，更快地达成目的，不妨试试"曲线进攻"法，即主动转换话题，避免正面的冲突，从而分散对方的注意力，瓦解对方内心中所筑起的"心理长城"。当对方逐渐忘记之前的话题时，我们可以再言归正传，这时便有可能会出现新的转机。

现实中，这种谈判方法屡试不爽。

山西一家煤矿厂，需要从德国引进一批先进的生产线。为了能在谈判桌上"压"得住阵，该厂厂长刘某亲自率团队与德国公司进行谈判。

然而，在谈判刚刚开始时，双方就陷入了不愉快中。原来，中方因为资金和规模限制，希望部分引进，但是德方不予接受，坚决要求全部引进，否则，就免谈。面对这样的局面，中方谈判代表心急如焚。但是，他们却明白，这时候，如果表现得过于焦躁，一个劲地说下去，可能会惹怒对方。于是，中方代表便先冷静了下来，由直接讨论变为迂回讨论："全世界都知道，贵公司的技术是一流的，设备也是一流的，产品也是一流的。"

德方公司听到此话，自然赞同地点了点头。一下子，谈判气氛缓和了许多。中方代表见状，接着说道："所以，我们才会联系贵公司，希望进行合作。如果贵公司能帮助我们炼煤厂跃居全中国的第一流，那么，我们将不胜感激。"

其实所有人都明白，中方似乎又要回到刚才的话题。但是，由于前面有了赞美的话，所以德方心理上的对抗情绪已经解除，当他们再听到这些话时,似乎也顺耳得多了。

德方赞同地点了点头,不再像刚才那样激烈地反驳。中方代表喘了口气,继续说道:"贵公司当然知道,就是现在,还有几个国家的代表团,正在同我国煤矿厂进行引进生产线的谈判。如果我们这个谈判因一点点小事而失败,那么,不但是我们煤矿厂,更重要的是贵公司方面将蒙受巨大的损失。这损失的不仅是生意,更重要的是声誉。"

中方代表很聪明,巧妙地避开了敏感点。他们没有指责对方缺乏诚意,只是用"一点点小事"来轻描淡写,目的当然是淡化对方对分歧程度的关注。同时,指出万一谈判破裂将给德方造成巨大损失,中方是站在对方的立场上替对方考虑。

德方自然也明白了这一点,于是不再说话。见对方有所松动,中方代表又说道:"实话实说,我们公司目前的确遇到了经济困难,不能全部引进,这点务必请你们理解和原谅,并且希望在我们困难的时候,你们能伸出友谊之手,为我们将来的合作奠定一个良好的基础。"

中方代表的这番话晓之以理、动之以情,让德方不住地点头赞同。最后,这笔生意顺利达成了。

从最初的赞美,到曲线式的说明,中方代表巧妙回避了争执点,这为谈判成功打下了基础;而最后的那段话,则透出了这样一种言外之意:我们现在不是在做什么买卖,而是朋友之间的互相帮助。这样的语言既通情,又达理,怎能不成功?

英国人利德尔·哈特说:"在战略上,最漫长的迂回道路常常是达到目的的最短途径。"就好比在战场上,面对敌方固若金汤的工事,强大的火力封锁,为了减少不必要的牺牲,必须寻找敌方的薄弱处,避开正面的火力,从旁边或后面进行迂回进攻。在谈判桌上,"敌方固若金汤的工事"正是对方的固执,这时候,我们完全可以避开对方正常的心理期待，从一个对方不太可能想到的地方进行突击，这可以让对方的思维、判断脱离预定的轨道，等到对方的心理逐渐适应你的思维逻辑，再转而实施正面的突击，常常会"山重水复疑无路，柳暗花明又一村"。

孙子曰"以迂为直"，在很多时候，想达到目的就要迂回前行，否则直接奔向目标，只会引起对方的警觉与对抗。应该通过引导对方的思想，把对方的思维引导到自己的包围圈中，比如，通过提问的方式，让对方主动替你说出你想听到的答案。反之，越是急切想达到目的，越是可能暴露了自己的意图，被对方所利用。

谈判桌上，四个常用的"制胜策略"

很多时候，谈判是一种心理的较量，尤其是商业谈判。要想赢得主动权，是需要讲究一些心理策略的。在现实的谈判桌上，有些是常用的"制胜策略"，我们需要了解。

1. 用你的真诚去感动人

在谈判中，最好的进攻就是将自己的凌厉攻势藏于无形之中。如果一个人懂得在谈判桌上用自己的真心去感动对手，那么他将无敌于任何谈判。因为情感才是一个人最容易被攻陷的谈判阵地，而《孙子兵法》中也指出，真正的高手应该"攻心为上"。

我们在谈判中一提到凌厉攻势时，就会想到有些人漫天要价、虚张声势、咄咄逼人的样子。其实，这种毫不理会对方的感受，妄想一口吃成个胖子的人，只是把自己的谈判对手当成了"咸水鱼"。而这样做的结果也只会令对方非常反感，有气度的对手虽然不表露，但却是铁定了心：

绝不能与这种人合作。

所以，谈判中最厉害的进攻就是直指人心。每遇到一件事情，马上为对方设身处地地想一想，从关心对方的角度出发；每当谈判中遇到分歧的时候，就替对方说几句好话。

詹姆斯·艾尔是纽约一位有实力的谈判专员，他经常告诫他的属下说，要赢得谈判最重要的就是让对方看到你的"诚意"。一次，他代表一家颇有实力的软件公司与另一家实力单薄的公司谈合作，詹姆斯给了对方一个比较合理的价格，并且诚恳地告诉对方："知道你们公司不容易，这是我们的价格底线，等我们公司从这一单生意中赚了钱后，再期待与你们的进一步合作。"结果，对方不但马上同意签约，而且在以后的合作中，也经常站在詹姆斯的角度考虑问题，相互之间建立了长期的合作关系。

谈判"谈"的固然是利益，但是再注重利益的人，也是有情感的。你若用真诚和真心去对待他们，那么就很容易在赢得对方感动的情况下，促成合作。

2. 豪情万丈感染人

一个坐在谈判桌前光芒四射的谈判专家，一定是一个积极自信、举止大方的人。至于那些因为害羞而不敢在谈判中展示自己的长处，不善言辞的人，则往往会失去成功的机会。所以，当我们想要站在成功的舞台上表现自己时，一定要豪情万丈。因为，谈判的成功无法与"害羞"同台。

一份来自美国的研究资料称，约有40%的人在社交场合感到紧张。那些神采奕奕的政界人士和明星恐怕也不能完全摆脱这一窘境：美国前总统卡特、电影明星凯瑟琳·戴尼维等，他们都曾表示在公众场合讲话时会感到紧张。谈判以及与谈判有关的酒会、晚宴、沙龙，在这些场合上有些人谈笑风生、豪情万丈，更多的人则惶恐不安、手足无措。

一次，撒姆尔在与一家韩国公司的谈判中，韩方因为考虑到对方对自己的产品市场不熟悉，便慷慨地向他陈述了公司的产品及销售状况，并强调该产品在美国十分畅销。撒姆尔团队的多数人都被对方这番话深深触动了。本来撒姆尔只是抱着"试试看"的心情来与韩方谈判的，结果在对方豪情万丈的情绪感染之下，谈判人员也很快进入十分严肃的、正式的谈判主题，并很快建立了合作关系。

谈判桌上，一个手心出汗、词不达意的人连自己都说服不了，怎么去说服自己的谈判对手呢？谈判中一味地谦卑只会被视为无能，对方就会高高在上，而你将会节节挫败。所以，在谦虚的言谈举止间，流露出一股豪气，是谈判中一招凌厉的人格攻势。因为，我们的勇气和胆魄，会击倒对方的心理防线，让对方乐于达成彼此间的合作，同意我们的谈判条件。

3. 以退为进说服人

在谈判中，我们经常遇到一些难以说服的对手。不论我们"晓之以理"还是"动之以情"，对方就是油盐不进。这时，我们不妨改用一种以退为进的自嘲攻势，让对方在笑声中同意我们的提议。

张大千先生是20世纪中国画坛上最具传奇色彩的人物，他与梅兰芳先生私交甚笃。抗日战争期间，张大千与梅兰芳都住在上海，战争结束后，张先生离开上海返回四川老家。于是，上海艺术界的朋友们为他设宴饯行，刚好梅兰芳先生也在。

在大家入席的时候，张先生和梅先生却发生了争执，因为两个人谁也不肯坐在上座，你推我让，僵持不下。这时，张大千先生忽然说道："梅先生，你是君子，我是小人。理应你坐上座。"

梅兰芳听了不解其意，其他人听了也觉得莫名其妙。这时，张大千含笑解释道:"正所谓君子动口,小人动手。梅先生唱戏动口,你是君子;我画画动手,所以是小人。"一句话引得满堂大笑,梅兰芳也只好到上座就座。

张大千先生的艺术造诣与人格修养同样让人难以望其项背,他的幽默机智和豁达谦和征服了一批又一批人。所以,对于任何人来说,幽默加上豁达,总是可以让人魅力无限,左右逢源。这一招是谈判中说服固执对手的必杀攻势,因为在轻松的气氛和会心的微笑当中,再固执的人也会网开一面。

4."中间人"策略

在谈判中,如果我们难以约到自己的对手,那么不妨找出一位对双方情况都了解的"中间人"来为我们牵线搭桥,如此就很容易获得对手的信赖。这便是"中间人"策略。

"世界首富"比尔·盖茨的第一桶金,是在他20岁时所签订的第一份合约。而这份合约的另一方,正是当时全世界第一的电脑公司:IBM。

那么,作为大学生的比尔·盖茨,不可能有太多的人脉资源,他是怎么钓到IBM这么大的"鲸鱼"的呢?其实,原因很简单,比尔·盖茨之所以可以签到这份合约,完全是因为他认识一个十分有力的中介人,这位中介人是IBM董事会的董事,同时,也是比尔·盖茨的母亲。所以,母亲介绍自己的儿子认识自己公司的董事长,并顺便拿下一个简单的合约,这不是再轻松不过的事情了吗?所以,奠定了比尔·盖茨一生事业的第一块基石的不是别人,正是他的母亲——这个中间人。

另外,"中间人策略"也经常被运用到在谈判各方陷于紧张的矛盾旋涡中不能自拔时,或谈判陷于僵局而不能破解的时候。这个时候,引进"中间人",等于给双方架起了一个辅助沟通的桥梁,对促成双方谈判的成功具有积极的意义和作用,也是谈判双方喜爱的策略之一。

巧妙提问，让对方不断回答"是"

在谈判时，通过提问的方式，让对方不断地回答"是"，可以取得谈判的主动权，有利于达成谈判的目的。

曾经有一个广东商人去美国参加一个大型产品展览会。在会展的第一天，他看到了一个个非常新奇的东西，兴奋不已，认为自己发财的机会就要来了。这时，他又被一个新式的电子产品吸引了，于是走过去准备和供货商谈交易。

这个供货商是一名美国人，看到眼前这个中国人长得又瘦又小，觉得他不像是个有实力的人，心里便产生了一种轻视感，但为了表现出他礼貌的一面，还是和对方一起来到了一个小型会议室，开始进行谈判。供货商非常聪明，一开口就说道："我的东西很贵，你买不起的！说实话，这个产品只有欧洲人才会询问，我就没有见过中国人来问的。"

广东商人明白他表面上是想羞辱自己，但是实际上是想把价格抬高一点。可是，精明的广东商人既没有掉头而去，也没有问价格究竟有多高，而是思索了片刻，以一种不卑不亢的态度说："哦，是吗？没关系，只要价格合理，我也一样会买。"

供货商意外地道："哦，真的吗？"

广东商人说："商人都是讲究商业道德的人，是不会随意报价和抬高价格的，您说是吗？"

供货商愣了一下，答道："当然，当然。"

广东商人说："那么这个产品的价格是多少？"

供货商脱口而出："100 美元。"

广东商人装出大吃一惊的样子，说："确实是好贵啊！不过这个东西的成本应该不会很高吧？我好像听说，现在这种技术已经民用了，成本已经降了很多，你说对吗？"

供货商又愣了一下，没有想到广东商人也知道这个，于是好一会儿才回答道："是的……你要是真的想要，我可以给你适当优惠一点。"

广东商人说："那70美元怎么样？你考虑一下好吧？"

供货商没有说话，立刻拿起计算器噼里啪啦地按了起来。

还没有等供货商说话，广东商人又说道："这样的报价，对你我都有利，是不是？"

供货商抬起头来，笑着点了点头，显出一副无奈而又快乐的样子。最终，广东商人以最适合的价格，成功地取得了这款产品在中国的代理权。

广东商人本来处于一种被动的地位，而供货商处于一种主动的地位。但是，广东商人以主动发问的方式，通过连续地发问，让供货商连续地问答"是"，最后也以合适的价格，拿到了代理权，让谈判顺利结束。

通过提问，我们可以获得很多重要的信息，还常常能发现对方的需要，知道对方追求什么，这些都对谈判很有利。但是具体说来，这种谈判技巧妙在哪里呢？首先，在谈判的形式上可以变被动为主动，控制谈判的进程，在心理上就占有了绝对的优势。其次，提出这些问题让人觉得你心里有数，使对方不敢随意地欺瞒你或者抬高价格。最后，让对方不断地回答"是"，就形成一种思维惯性，如果不是太过突兀或者荒谬，对方一般都会沿着"是"这个道路回答下去，最终水到渠成地接受你的条件。

要想通过提问让对方不断回答"是"，还要注意以下几点：

1. 我们必须做好充足的准备。一般来说，我们要了解对方的背景材料，以便掌握对方的情况，这样才能"知己知彼，百战百胜"。像上面例子中的广东商人，如果没有事先进行调查而是随口砍价的话，肯定会被美国供货商笑话，更谈不成什么生意。

2. 问题的提出，仅仅是为了让对方确认一下而已，其实你提问的答案，绝大多数都是显而易见的。

3. 提的问题是环环相扣，一个接着一个地提出来的。

4. 要让对方对每一个问题进行确认，让他说完"是"之后，马上在这个基础上提出一个基于上面的问题。

褒扬对方，贬抑自己：满足对方的自尊心

在谈判时，当对方处于主动地位，而我方处于被动地位时，你就可以先褒扬一下对方，让对方的自尊心和虚荣心得到最大限度的满足，然后再自我贬抑一下，以情来触动对方，最终达到谈判的目的。

广东一家玻璃厂需要引进一批生产流水线，得知法国一家公司有一套生产线正要出售，但是法国这家公司要整套输出，而广东这家玻璃厂的规模太小，只能引进这套系统的一部分，法国这家公司不能接受。于是玻璃厂的厂长就亲自率团去与法方谈判。

厂长说："举世皆知，贵公司的技术是最先进的，设备也是最先进的，产品同样是最先进的，所以我们才会联系你们，希望我们能够进行友好的合作，如果贵公司能够帮助我们这个玻璃厂跃居中国一流企业，那我们将感激不尽。"

法方听了厂长的话，不住地点头赞同，使得谈判的氛围变得越来越和谐，大家的脸色也不再那么紧张和尴尬。

于是厂长又接着说:"你们可能不知道,现在已经有好几个国家在跟我们谈合作,如果就因为咱们这个小事而归于失败的话,我们的损失就不说了,你们的声誉也会受到一定的影响吧。"

法方代表一个个沉默不语。

最后厂长又说:"说实话,我们厂现在的确是遇到了一些经济困难,实在是没有那么多资金来全套引进,请你们能够理解,现在这个困难时期,希望你们能够伸出友谊之手来帮我们渡过难关,也为我们将来的合作打下一个基础。"

法方代表始终无话可说,最后,终于同意了中方的请求。

厂长一开始就对法方大肆赞美了一番,说得他们频频点头。最后又以弱者的姿态,请求法方给予帮助。当然中间还以名声受损的道理来说服对方,最终取得了谈判的成功。

在谈判中,之所以要"扬人",是因为从心理学的角度分析,人都有自我保护的天性,多数人总喜欢以自己为中心,总会认为自己是对的,自己是正面的。而赞扬他人就会让人拥有一种实现自我的感觉,从而减轻与他人的对抗心理。

另外,之所以要"抑己",是因为人都有同情心,你适当地"贬低"自己,说明自己的难处,很容易使对方生出一种同情心,从而对你的境况表示理解。同时,你在"抑己"的同时,也暗示另一层意思:我因为有这么多难处,所以不得不这么办,如果对方不能答应的话,那么这个谈判就无法进行下去,而且一旦这个消息传出去,就会显示出对方的无理或无情。

当然了,在现实中要真正地学好这个"扬人抑己"的技巧,就要注意以下几个方面:

1. 要清楚地认识到,我们谈判的目的,就是要为自己争取最大的利益。

2. 褒扬对方时，你可以去褒扬对方的公司，也可以褒扬某个谈判人员的才华或者能力，比如可以举出对方的一些比较有名的事例或者比较有名的产品。

3. 在贬低自己的时候，要把握一个度，不要让别人看不起你或者你的公司，而是让对方感受到你的坦率和真诚。

关键时刻，用"幽默"来打破僵局

谈判，尤其是商务谈判，很多时候都是比较严肃的，但是如果对方因无法满足我们提出的条件，使谈判陷入僵局，那么在这种关键时刻，不妨来点幽默，让双方在开怀大笑中，满足我们的条件。

一家餐饮公司要向一家海鲜公司购买鲱鱼，由于餐饮公司的进货量大，所以想尽量让进价低一些。可是由于这家海鲜公司的名气大，而且海鲜的口碑也非常不错，所以总是把价格抬得很高。于是两方就进行了谈判。餐饮公司的特色就是海鲜，所以非常需要优质的海鲜，正好与这个海鲜公司对口。不过这个海鲜公司不愁没有销路，总是毫不让步。

为了打破这个僵局，餐饮公司打算派一个高级副总过去，把原先的谈判人员给替换回来。这个副总具有杰出的谈判能力，他见谈了好久也没有让对方把价格给降下来，于是就幽默地笑道："那么好吧，就按照你们这么贵的价格报价，如果我们公司老总不同意出这么高的价，那么余下的就由我个人来掏了，但是请允许我进行分期付款，恐怕分期付款也要我付一辈子，到死如果还没有付完，那么我就不管了，你们说呢？"

海鲜公司的代表听了之后，一个个忍俊不禁，于是说道："您别这么说,这样吧,我再跟我们负责人商量一下,尽量让他同意给你们降一点。"

最后,终于把价格给降了下来。

餐饮公司的副总,通过幽默的说话技巧,没有拒绝对方提出的高价格,但是在付款方式中却尖锐地说明对方的高价格让人不能"活",使得对方都感觉实在有些不好意思,于是终于答应要给餐饮公司降价。

在"二战"爆发的时候,为了拉拢美国一起对抗法西斯,同时由于英国军需物资缺乏,英国首相丘吉尔前往美国,与总统罗斯福进行会谈。丘吉尔受到了热情接待,并被安排到白宫居住。

有一天早上,丘吉尔正躺在浴缸里一边洗澡,一边抽雪茄。可是罗斯福却突然闯了进来,看到一丝不挂的丘吉尔,感到十分尴尬。

丘吉尔放下手中的雪茄,说道:"总统先生,我在你面前可是没有一丝的隐瞒啊。"

说完之后,两人都不约而同地哈哈大笑起来。

丘吉尔一丝不挂的洗澡场面被罗斯福看到了,已经无可挽回,但是丘吉尔并没有在此事上纠缠,而是幽默地向罗斯福表明了自己的诚意,最终达成了谈判的成功。

绝大多数人,都以为谈判这种严肃的场合,不应该幽默说笑,其实不然,正所谓嬉笑怒骂皆文章,只要幽默运用得当,就可以为自己争取最大的利益。因为幽默可以打破原来的说话氛围,从那种敌对僵持的状态中解放出来,不至总是固执地坚持己见。另外,幽默可以让人感到开心,人在开心的时候往往就会对别人宽容和做出让步。因此,运用得当的幽默可以为自己争取到更多的利益。那么,在现实中,怎样的幽默能够迫使对方做出让步呢?即以退为进之法。就像上面购买海鲜的事例那样,首先答应肯定对方提出的条件,但是在答应的过程中,表示出自己无法做到，迫使对方不得不去修正自己的条件。

软硬兼施：一个唱"红脸"，一个唱"白脸"

在商务谈判中，我们需要针对不同的谈判态势和不同的谈判对手，选用不同的谈判策略，当我们遇到一种既不吃硬又不吃软的人，就可以运用"红白脸"的策略。这种策略指的是，在谈判中，一个人扮"白脸"，另一个人扮"红脸"。"白脸"代表强硬，在谈判之初，由他提出较为苛刻的要求和条件，并且显得立场坚定、毫不妥协。"红脸"代表妥协，在既定的底线内进行退让，他要表现得和颜悦色、举止谦恭，给人以和事佬的印象。通过这样的"红白脸"组合便会取得谈判的胜利。

有一个名叫卡尔的亿万富翁想要买飞机，他的计划是购买二十架，而对于其中的十架他更是志在必得的。

最初的时候，卡尔亲自出马和飞机制造商进行谈判，可是飞机制造商总是把价格抬得很高，卡尔要求降价，导致怎么也谈不拢，于是谈着谈着，卡尔勃然大怒，拂袖而去，让对方好没面子。

后来，卡尔找了一位代理人，他告诉代理人，如果不能全部买下来，只要能买下他最中意的那十架就可以了。

可是谈判的结果很是出人意料，不仅买下了那十架，而且把另外十架飞机也全部都买了下来，并且价格也令卡尔相当满意。

卡尔非常佩服那个代理人，问他是怎么做到的。代理人回答说："这很简单，每一次谈判一陷入僵局，我便问他们，是希望继续和我谈呢，还是希望和卡尔本人谈。我这么一问，他们就乖乖地说，算了，就按你的意思办吧。"

这里卡尔就是扮演的强硬的"白脸",表现出强硬的态度;而代理人就是扮演温和的"红脸",让对方觉得比较舒服,最终达到了最为满意的谈判效果。

为什么"红白脸"的谈判技巧能够达到如此好的效果呢?首先,因为一般人都有这样的一种感觉,如果一个人态度强硬,而且毫不退让,那么跟这个人谈判不但占不到便宜,还会丢掉面子。如果突然出现了一个态度软弱温和的人,进行退让和调节,那么就会觉得跟他谈判可以得到更多利益,而且还会得到尊重。其次,当"白脸人"发怒以后,对方一般会被激怒,而后又会感到自己的做法有失情理,在这种心理下,对方就会自然地对自己一直坚持的条件做出让步,在不知不觉中,使用策略的一方便实现了预期的目的。

如何才能更好地发挥"红白脸"的组合威力呢?首先,当谈判出现难题的时候,尤其是当谈判的气氛明显呈现出敌意之时,对方都要坚持自己的观点和利益,死守到底,一点也不肯让步,这个时候己方的"白脸人"就要出场了。他要以极其夸张的态度,可以表现得非常生气,或者大发雷霆,尽力地指责和诋毁对手,把对方给镇住,至少让他们感到吃惊或者难堪,把气氛搞得十分紧张。在这个过程中,其余的成员则一言不发或不知所措。其次,等"白脸人""唱完戏"了之后,或者还没有"唱完戏",己方的"红脸人"就要出场了,他要负责出来缓和气氛,一边劝阻乃至责备自己的同伴,一边平静而又明确地指出,这种场面完全是由对方的态度所造成的。当然了,使用这种策略时,需要注意以下几个方面:

1. "红白脸"的角色选择要与本人的个性气质保持一致,一般来说,"白脸"由主谈人扮演,而"红脸"由助手来扮演。

2. 扮演"白脸人"要时时表现出感性,使人望而生畏,并容易被人激怒；而"红脸人"则一开始就要表现出理性，必须善于逢场作戏，表现得十分圆滑和理智。

3. 要看准时机，把握火候。只有当谈判气氛因对方的死守不让到了剑拔弩张的时候，运用此策略才能达到好的效果。

第七章
窥探异性的隐秘心绪：与爱人交善的秘诀

　　成功的人生离不开成功的婚姻，成功的婚姻离不开成功的恋爱，因为每一个成功的男人背后都有一个优秀的女人，每一个成功的女人背后也有一个不错的男人。所以，与爱人交善，赢得爱人的真心，是我们成就成功人生的基础。当然了，要与异性交善，除了付出真心外，最重要的就是要读懂对方的心。爱人之间只有真正了解对方的隐秘心绪，才能够对症下药，应对自如。

恋上内向型的人,试试"诱导"恋爱法

当我们爱上了一个性格内向、害羞腼腆型的人时,总会觉得不知如何表白。而当你确定对方确实也喜欢你时,就要试试"诱导"恋爱法进行表白了。因为性格内向型的人,为人做事都比较被动,更愿意去接纳别人的爱。

爱丽丝在一次聚会上,认识了一个叫贾司汀的男孩。贾司汀是个内向型的男孩,经常去找爱丽丝,很想接近她。爱丽丝明白,贾司汀爱上自己了,只是没有勇气向自己表白。爱丽丝也喜欢他,却不知道怎么办才好。

一个晚上,他们两个人在河边散步,爱丽丝走累了,于是两人便坐在河边休息。见到贾司汀害羞腼腆的样子,他一直不跟自己表白,爱丽丝决定给他一个亲近的机会。

爱丽丝走近贾司汀,认真地说:"我听人说,男子手臂的长等于女子的腰围。你相信不?"

贾司汀说:"那你要不要找根绳子来比比看呢?"

爱丽丝见他还是如此愚笨,有些生气地说:"谁要你找绳子!"

贾司汀挠着头说:"那我……那我用胳膊好吗?"

贾司汀就是一个典型性格内向的人,虽然内心非常喜欢人家,但是就是不敢或者不知道如何进行求爱的表白,而爱丽丝就是清楚地看出了这一点,于是就主动对他进行诱导,让贾司汀主动地来亲近自己,从而

确立了正式的恋爱关系。

费廉清是一家公司办公室的实习生,他一眼就看上了公司里面的一个老员工岑薛妮,于是每天和岑薛妮聊QQ,还经常约她一起吃饭。

其实岑薛妮挺喜欢费廉清,也感觉费廉清喜欢自己,但是费廉清没有向岑薛妮进行明确的表白,所以岑薛妮不太确定。岑薛妮想主动去向费廉清表白,但是又听说女生主动表白很不好,害怕彼此的关系难以维系长久。

于是岑薛妮就去向朋友雷婷婷请教:"你说,我怎样才能让费廉清向我表白呢?"

雷婷婷说:"你可以假装和别人关系好,故意对他冷淡一阵,这样或许有用。"

结果岑薛妮真的按照雷婷婷的说法做了,和费廉清聊QQ的时候,总是以"哦""嗯"之类的单音节来敷衍了事,费廉清要约她一起出去吃饭,岑薛妮也借口说和别人约好了要一起吃饭谈点事而加以拒绝。这下子可就把费廉清给急坏了,终于急切地向岑薛妮进行了求爱,两人从此开始了正式的甜蜜之旅。

聪明的岑薛妮眼看费廉清久久不向自己表白,唯恐失去心中所爱,于是积极主动地对费廉清进行诱导,使他终于亲口说了出来,终于顺顺利利地开始了彼此之间正式的恋爱。

个性内向型的人确实不善于表白,哪怕他很爱你,也会因为内心的恐惧很难说出"我爱你"三个字。如果这时你不懂得尝试"诱导"法,可能极难确立恋爱关系。另外,采用诱导法,其实就是表明你爱他,如果他的嗅觉比较灵敏,那么就会让他确立自信,大胆地向你表白。

下面是一些极为简单的诱导法:

1. 你要通过说话来进行诱导。比如当你们一起走路的时候,你突然来一声：好冷啊，冷死我了。当然，如果是天气热的话，你可以不断地说：热啊，真是好热啊，要是有个人帮助扇扇子就好了。比如遇到一些恐怖场面就说：啊，真是恐怖死了。等着对方来帮助和关怀你。也可以说：周末在家里真是无聊死了，一个人真是没趣。等着对方来献殷勤。

2. 要通过行为来诱导。比如一起走路的时候，遇到上台阶或者下台阶，或者是比较滑的路面，故意表现出颤颤巍巍的样子，伸着手表现出一副寻求搀扶的样子。如果夸张一点，也可以不小心摔倒在地上，然后假装起不来，等着他来扶你。

赢得爱人心：屡试不爽的"欲擒故纵"法

《三十六计》中有"欲擒故纵"之法，意思是说，如果你想捉住他，那么就故意先放开他。实际上，在现代社会中，这种方法常被运用到男女的恋爱中。在追求对象时，当我们对对方表达出爱意后，你可以马上故意放松对对方的关注，或者在不经意间流露出一种很在乎对方的感情，然后再将感情掩藏起来，就像从来不曾有过一样，这样更容易俘获爱人的心。

艾伦最近迷上了自己的同事安迪，于是他从其他同事那里打听来了安迪的联系方式。为了追求安迪，艾伦每天早上八点钟会准时给安迪发一条手机短信，提醒她起床，并且给她发一个笑话故事。到了晚上八点钟，还会给她打电话聊天。

但是安迪却比较被动，任凭艾伦表现得如何热情，她总是一副不冷不热、爱理不理的样子，艾伦每问一个问题，她就回答一个问题，这让艾伦感到极为郁闷。结果，发了二十多天的短信后，艾伦终于绝望了。

有一天早上刚刚醒来,艾伦正准备给安迪发短信,一想还是算了吧,于是将手机一扔。就这样,艾伦好几天没有联系安迪。

没有想到五天之后,安迪却主动给艾伦发了短信过来,问道:"你最近干什么去了,为什么不给我发信息了?"

艾伦看到手机信息,顿时就高兴地跳了起来,没有想到安迪终于关心起自己来了。于是艾伦就壮起胆子给安迪打了电话,谈了好长时间,彼此都感到非常开心。不久之后,两人就确立了恋爱关系。

实际上,艾伦在没有意识的状态下,使用了欲擒故纵的方法。因为安迪习惯了每天早上收看艾伦的短信,连续几天都没有收到短信,会让她感到很不习惯,于是忍不住第一次主动给艾伦发去了短信,表明自己已经依恋上他了。而艾伦先以发短信的方式不断地表达爱意,然后突然中断,让对方产生心理反差,从而改变了被动的局面。

著名文学家丰特奈尔曾经去参加一个聚会,遇到了一位年轻貌美的女士,怦然心动,于是忍不住走上前去和她聊了起来,极尽赞美之词,说得女士欢悦无比。

过了一段时间,丰特奈尔又从这个女士的身边经过,但是这次,他直接走了过去,不但招呼都没有打一个,就连瞧都没有瞧这个女士一眼。于是这个女士就追上去问道:"你为什么现在连看都不看我一眼呢?你刚才可是这么殷勤。"

丰特奈尔说:"我怕我再看你的话,我就要被你迷晕走不动了。"

丰特奈尔先是对女士热情至极,然后又表现得冷淡至极,让女士感到非常迷惑,所以忍不住去向丰特奈尔寻求答案,这也表明女士在意丰特奈尔的热情。两人的心意透明之后,下面的谈话就好展开了。

从心理学的角度分析,欲擒故纵法之所以能产生如此奇妙的效果,是由人的心理反差造成的。当你喜欢上一个人,表达出自己的爱意后,会总是缠着对方不放，会让对方觉得你低低在下，所以会产生一种轻视你的感觉。如果你故意放松一段时间，表现出对对方的不理不睬，就能激起对方的心理反差，如果对方又对你有点意思的话，那么其内心就会感到不安，生怕会失去你，所以就会主动抓住你。

当然了，在现实中，要运用好欲擒故纵的恋爱技巧，需要注意以下两点：

1. 在一开始的时候，你要不断地去关注她，从言语上关心她，要有规律地持续较长的一段时间，让对方感受到你对她的与众不同。这里非常强调"有规律"这三个字，比如每天同一个时间发短信对她说："今天天气热，注意带把伞挡太阳。"或者说："今天天气很冷，注意多穿一点衣服。"

2. 要"纵"得彻底。比如你本来天天与她通电话，但是当你"纵"她的时候，不但电话也不打，短信也不发，甚至故意避开她，让她见不到你的人影，如果彼此有 QQ 空间或者网络主页的话，全部停止更新，让她完全看不到你的踪迹。

做好了这两点，如果对方真的对你有一点意思的话，那么你就等着开始浪漫的爱情之旅吧。

用"欲扬先抑"法激发对方的爱意

当男女双方正式进入恋爱阶段后，要使双方的感情更甜蜜，或为了使对方更高兴或开心，可以通过"欲扬先抑"的方式，实际上就是跟对方"说反话"。所谓的"说反话"，就是本来要说对方好，但却反说对方不好，本来想说喜欢他（她），但却说讨厌他（她），然后再为对方解释说其不好或不喜欢他（她）的原因，最终表达出对对方的爱，这样能给人带来意外的惊喜和欢愉。

安德烈是一家大型公司总经理的高级秘书，喜欢上了销售部经理艾米，整整追了一年，才和艾米确立了恋爱关系。这可把安德烈乐坏了，他难掩内心的喜悦，甚至在工作的时候，也会时不时地看一下她的照片。

有一天下班的时候，总经理劈头盖脸地批了一顿安德烈："你看看你今天干的事，真是让人失望。这几天你总是心不在焉的，工作的时候心早已飞到九霄云外去了吧！"

安德烈说："我觉得自己对工作还是很用心的……"

总经理说："没有想什么，那这是怎么回事？你看看你准备的这些材料，我都说过好几遍了，在交给我之前要认真校对检查，不要出病句和错别字，你看看这些牛头不对马嘴的话，你给我读读看。"

安德烈一看，自己脸都差点羞红了，于是不好意思地低下了头。

"这样吧，现在就给我重写，确信没有问题了再交给我。"

安德烈本急着要去与艾米约会，于是一颗高兴不已的心顿时就沉了下去，一直加班到很晚才回去。

回去之后，安德烈仍然忘不了去看下艾米。看到安德烈那一副垂头丧气的样子，艾米明显感觉到安德烈的情绪非常低落，于是问道："出了什么事？"

安德烈摆出一副生气的样子道："还不是你惹的祸？"

艾米又疑惑，又生气，睁大眼睛道："我惹了什么祸？"

"你害得我被总经理给训了一顿，还不知道自己惹了什么祸？"

"我怎么害你了？"

"谁让你长得这么漂亮，害得我总是忍不住想你，把给经理写的材料都写错了，一直加班，下班之后就直接来你这里了。"

艾米疑惑顿消，于是开心地笑道："好，是我惹的祸，我给你赔礼道歉还不行吗？"说着就搂住他的脖子，在安德烈的额头上深深地吻了一下。

本来是要赞美称扬艾米，但是安德烈一开始就对她进行责怪，这就是抑。但是后面通过解释为什么要责怪艾米，突然就把她给扬起来，给人突如其来的惊喜，深深打动了艾米的芳心，也为自己挣来了一个甜蜜的吻。

一个小伙子跟一个小姑娘谈恋爱。有一天，两人约会的时候，小姑娘突然问了小伙子一个问题："你究竟觉得我是好还是不好？"

小伙子不假思索地回答道："一点也不好。"

小姑娘本是打算看看这个小伙子会如何来赞美自己，可是没有想到他说出那么令人扫兴的话，顿时兴致全无，于是噘起嘴巴质问道："既然说我不好，那你给我说说看，我到底有哪些地方不好？"

这小伙更是装出一副理直气壮的样子，数落小姑娘的不好："你长得貌美如花，害得我神魂颠倒；你温柔如水，想得我夜夜难眠。你说你好在哪里？"

小伙子刚刚说完，小姑娘顿时就心花怒放，害羞得脸都红了。

遇到这种情形，一般人通常的做法是，直接说出对方一千一万个好，乃至把她的缺点也说成是优点，这当然可以使人获得短暂的喜悦和满足。但是，你若改用反语的方式，却可以起到欲扬先抑的效果，给人出乎意料的惊喜，对姑娘的心灵震撼力度较大，可以让她进行无穷的回味，乃至一生都难以忘却。

在恋爱中，为何要采用"欲扬先抑"的方式呢？因为从心理学的角度分析，人们在平时已经习惯了正面夸人的方式，这样的方式用得太多，会给人一种麻木的感觉。倘若你能够正话反说，采用欲扬先抑的方式来表达你对对方的赞扬或欣赏，反而会给对方意外的惊喜，能增进彼此间的感情与幸福之感，甚至能让人长久地沉浸在这种喜悦之中。同时，这种欲扬先抑的夸人方式，也会给生活带来一些波澜，为平淡的生活带来一些刺激，让爱情生活充满乐趣。

恋爱中的"高原效应"：爱情终会归于平淡

很多人都有这样的感觉：恋爱时，双方都是柔情蜜意，你侬我侬。而随着时间的推移，双方相互了解增多，这种甜蜜的吸引力便会逐渐减退，甚至会产生一种茫然的失落感，总是觉得恋人似乎没那么可爱了，自己在爱人心中的魅力和分量也减少了许多。这是怎么回事呢？实际上，这就是爱情中的"高原效应"。"高应效应"告诉我们，无论多么相爱的男女，爱情原本有多么轰轰烈烈，到最终都要归于平淡。

索菲亚与男友在一起已经三年多了，两人经过惊心动魄、牵肠挂肚的热恋之后，有段时间，索菲亚感到有些精神疲劳，心理上产生了一种茫然感和失落感。她很想回到热恋的状态，那种甜蜜和充满激情的爱恋，令她终生难忘。但是，每当与男友亲近时，她总觉得很失落，觉得男友没有当初那么可爱了，而同时男友也对自己淡淡的。她再也体会不到当初的那种被呵护和被宠着的感觉，觉得爱情的美酒突然没有了任何滋味。

索菲亚的状态便是典型的恋爱中的"高原效应"反应。心理学家认为，恋人出现"高原效应"的心理反应，会导致恋爱中的男女做出错误的判断，如果不能正确地看待它，就有可能使原本美满的恋爱宣告失败。

实际上，在热恋之前，男女双方活动的空间比较大，双方都可以根据自身的兴趣进行自由的活动，使人感到无拘无束、轻松愉快。而热恋之后，又会天天都厮守在一起，使原来的空间相对缩小，活动方式相对改变。这种改变使人的心理失去平衡，产生不适感，感到压抑沉重。这个时候，人们就会把这种不愉快的情绪向外进行投射，以减轻自我的心理压力。而恋爱时期的双方都是非常敏感的，彼此只要有一点点的变化都能够感受到，产生具体的放大效应，如此这样便会冲淡恋人之间的感情，削弱相互间的亲和力，"高原效应"便在不知不觉间产生了。

另外，男女双方在恋爱之前，双方社交范围极广，精神生活极为丰富，而恋爱之后，出于对对方的"忠贞"，或者在"爱情专一""爱情是自私的"等观念的制约下减少了交往对象，缩小了交往范围。这就使他们的精神生活相对贫乏、空虚，恋人之间便极易产生一种厌倦情绪。

同时，男女双方在恋爱中，对彼此的期望值是很高的，他们总是幻想着爱情能让他们摆脱痛苦、孤独，是获得快乐和幸福的灵丹妙药。但是热恋过后，却发现爱情不如他们想象的那般美妙，甚至还会因为恋爱不顺利生出诸多的烦恼。另外，恋爱中的男女，其心理承受能力都是极差的，稍有不愉快就会备感难受。这也是恋爱"高原效应"产生的又一心理原因。

当然，男人和女人爱情观上的差异，也是造成恋爱"高原效应"反应的主要原因之一。一般而言，女人把追求看成爱情，注重恋爱过程中的浪漫，而男人却以为不必再追求的才是爱。男人对待感情可分为两个阶段，在追求的过程中，男人不乏柔情蜜意，对所爱的人爱护备至，对小节也十分注意，一旦发现对方已经爱上自己，男人便会把对爱情的渴望转变为相互的信任。

当然，要预防恋爱"高原效应"，也不是没有办法的，那就是双方在恋爱的时候，一定不要表现得过于亲密，双方都尽量不要因爱情而失去自我，同时，也要保持一定的距离，不要处处以对方为中心。

心理学家告诫恋爱中的男女，过于亲密对爱情并无帮助，也剥夺了慢慢了解一个人的乐趣，保留独立的自我空间，给爱情以呼吸的新鲜空气，便可以巩固彼此间的感情，维持个人的兴趣，更能够彼此交换、增添情趣。另外，为了预防"高原效应"的出现，在恋爱中，男女双方都要谨记以下的法则：

1. 恋爱中，双方切勿让自己高高在上，也不要把对方看得太过神圣。
2. 避免让爱情关系进行得太快。
3. 交往之后，避免以自我为中心，保持尊重，不要勉强对方做不愿意做的事。
4. 不要因为二人已交往一阵子，就松懈下来，言行随便。

妙用"淬火效应"：吵架也要吵出甜蜜来

参观过铁匠铺的人都知道，一个金属工件在高温中加工定型之后，需要马上浸入冷却剂中，经过冷却处理，工件的性能才会更好、更稳定。于是，人们根据铁匠的经验联想到了人们的情绪管理，从而总结出了"淬火效应"。它具体是指，当我们情绪非常激动，就如同烧红了的金属一样时，不妨将自己放入冷水中淬火，让自己快速冷静下来。这样才能够理性地看待问题，不至受不良情绪的"控制"。尤其是在家庭生活中，当夫妻出现矛盾或摩擦时，与其愤怒难耐、出口伤人，不如先让自己冷静下来，给内心降降火，再去冷静地处理问题。

张漪和丈夫张刚的感情算是比较好的，但是有时候也会发生这样或那样的冲突或者争吵。但是聪明的张漪每次都能在斗嘴中斗出感情来。

一次，张刚拿异地银行卡取钱，在一旁的张漪说了声："你拿本地卡不行吗？异地卡手续费都要花不少呢。"丈夫张刚当时心情不是很好，听妻子如此一说，竟然感觉她侵犯了自己的财务自由。于是，脾气就来了，说："所有的钱都是我赚的。"语气强悍。

张漪脾气也上来了，接着说："老娘没生孩子前，不也是每天都起早贪黑的吗？哪天工作不是长达12小时以上？难道在家带孩子不需要花费时间和精力吗？"

听罢，丈夫张刚觉得这样吵下去，一定会扯出夫妻间很多不愉快的事，于是便出门了，他想停下争吵，让自己冷静一下。而张漪则在家里暗自垂泪，想起这几年的辛苦，感到委屈极了。

到吃晚饭的时候，张刚回来了。可能是饿坏了，他看到桌上好吃的，便来不及洗手就拿起筷子往嘴里扒饭。张漪起身，俏皮地挡住碗，说："这顿饭的劳务费就算十块钱吧，很便宜的，因为是长工，就当批发价了。"说完，伸出手让张刚掏钱。这时，张刚才意识到自己的错误，便不好意思地向张漪道歉："我为自己上午的话感到羞愧！老婆，对不起哦。你手艺渐长了，这饭菜还真香。十块钱怎么够。"说完把口袋里的钱包、银行卡全部都放到张漪手中。张漪忍不住笑了，坐在她旁边的张刚，一会儿给她添饭，一会儿给她夹菜。那种甜蜜，可真是让人羡慕。

当双方出现矛盾时，一方若能使自己冷静下来，便很容易使怒火熄灭。故事中的张刚和张漪的智慧在于，丈夫通过"淬火效应"让愤怒的夫妻冷静下来，而妻子则以俏皮的方式成功地化解了这场家庭冲突。

另外，当夫妻发生矛盾时，在运用"淬火效应"使自己冷静下来后，还需要巧妙地运用幽默艺术，比如向对方做鬼脸、吐舌头，说几个只有两个人才能听得懂的秘密笑话等，然后便能轻松地化解矛盾。而且，我们要谨记，爱人双方在吵架的时候，要遵循感情至上的原则，有时候学会耍个赖，撒个娇，床头吵架床尾和，愈吵愈甜蜜。

婚姻生活中，只有冷静地包容才能成就和谐与幸福。我们每个人要想维护家庭幸福、和谐，就要懂得妙用心理学中的"淬火效应"，在怒火中烧的时候懂得给自己降温，让自己拥有一颗包容的爱心去领悟一份人间的真爱。在相互的包容和理解之中，你才会发现生活原来是如此的美好，才可以真正地做到执子之手，与子偕老。我觉得其实生活对于每个人都是很公平的，生活在一起的不一定是最好最优秀的，但一定都是最合适的。

用崇拜和赞美成全男人的"英雄情结"

心理学家指出，男人都有一种"英雄情结"，他们天生渴望成为英雄，于是他们看的书多是武侠小说，喜欢研究的，往往是世界上最尖端的武器装备；他们喜欢看的电影多是战争片、动作片，他们喜欢的体育运动是足球、篮球等竞技类……这些都表明他们最希望变成的是英雄，比如挽救世界的超人、武艺高强有胆有勇的黄飞鸿，在感情中，他们希望变成女人的守护神。所以，在爱情或婚姻中，身为女人要想获得男人的宠爱，一定要成全男人的这种"英雄情结"，对他们要像崇拜英雄那样去赞美和仰视他们。诸多的两性心理学实验也表明，女性对男性的崇拜，可以激发男性对女性的喜欢和热爱。

公司因为业务调整，刘进从一名工程师变成了业务员。他一回家便立即向妻子通报了这个消息。

妻子听到这个消息后，十分不悦地说："工程师的位置多好，又没有多少压力，现在经济危机，而且你们公司的产品市场早就饱和了，销售多么难做啊，真不知你怎么想的。"

说完之后,又开始了一通抱怨:"本来打算生个孩子,可是工作调动之后,如果干得不好,哪里有钱养孩子?"

刘进本来以为做销售工资可能会高一些,妻子听了会感到高兴,但是没有想到竟然是一通责骂,于是半句话都没有讲,默默地坐在沙发上看电视。

接下来的几天刘进的心情都比较抑郁,很少与妻子说话,家里的气氛十分沉闷和压抑,妻子也感到老公不再像以前那么爱自己了。

如何改变这个现状,妻子想了很多,到了周末,吃完饭后,刘进打算去洗碗,这时候妻子拉住他道:"还是我洗吧,你工作挺累的,多歇息一下吧。"

刘进瞅了妻子一眼,说:"我想把咱们之前的手机退了,用公司里面的手机,现在做销售打电话多了,一天都要十几块钱的花费。"

妻子听完之后,笑道:"没想到啊,做了销售之后,智商都提高了,你做主好了,我就听你的好了。"

此话一出,老公顿时就变得兴奋起来,高兴地把妻子抱起来转了一圈。

当天夜里,妻子就想:这样的丈夫就是自己想要的,对的,以后要多认同他、崇拜他,只有这样,他就会高兴,我也跟着高兴。

从此以后,妻子总会想方设法地表达对老公的崇拜,使得老公对她的感情越来越热烈,还时常会给她买一些小礼物,这让妻子觉得他们回到了热恋的那段时光。而且有了妻子的崇拜,刘进的销售工作也是节节攀升,不到一年就因成绩突出被提拔为销售部门主管。

妻子对刘进的抱怨和责骂,使得丈夫的情绪极为低下,导致整个家庭氛围也变得异常的沉闷,从而带来各种负面的影响。而后来,妻子对丈夫的认可和崇拜,又激发出丈夫的工作热情以及对自己的爱,达到了正面的效果。

任何一个男人都是自己的英雄,如果能够得到他所爱之人的崇拜,就会激发起他强烈的生命力,不仅仅是对人的爱,还包括其他的方方面面。所以,如果你爱他,无论是在他潦倒落魄的时候,还是在他成功得意的时候,你都应该表现出对他的认可和崇拜。相反,如果你天天抱怨和责备乃至贬低他,那么就会让你们变得越来越生疏,最终只好分道扬镳,各走各的路。

当然,对于女人来说,要成全男人的"英雄情结",还可以从以下几点去努力:

1. 多多向他请教。要成全男人的"英雄情结",你可以在平时多多向他提问题或向他请教,当他解答出问题,或帮你解决问题时,你便可以一脸崇拜地给予他赞美和夸奖,这能激发他对你的爱。

2. 在他最失落、落魄的时候,别给他泼凉水,要给予其由衷的鼓励;在他犯错时,别给他轻蔑的眼光,而是给他鼓劲,帮助他改正错误。一位心理学家指出:崇拜的力量是无穷的。当男人知道,有个真正崇拜他的女人在家,他就会浑身是胆地驰骋疆场,就会无论天涯海角都与你咫尺天涯。因为他知道,只有做更好的自己,才能无愧于你的崇拜。因为他知道,就算全世界背叛了他,至少还有你对他的支持。所以,很多时候,你的崇拜会激发出男人的无限激情,让他在外"征服事业",在内对家庭担起责任来。

来点"俏皮话",让爱情甜如蜜

恋人与夫妻间,难免会产生矛盾和摩擦,产生口角。这个时候,如果你能适时地来点"俏皮话",就能让彼此的关系更甜如蜜。当然,这里的"俏皮话",是夫妻间互相调侃的一种生活幽默,对此,一位心理学家指出,幽默是社交场上的一剂"万能药",因为人人都喜欢与能让自己心情舒畅的人交往,在爱情和婚姻中,幽默也是缓解恋人或夫妻矛盾的一剂润滑剂,也是让平淡的恋爱生活或婚姻甜如蜜糖的法宝。

程江和刘兰经过"马拉松"式的恋爱之后,终于走进了婚姻的殿堂。两人刚结婚,刘兰就把工作给丢了,找了好久都没有找到工作,只能待在家里吃闲饭。这让程江有些不高兴:"你整天待在家里,都快变成废物了,可怎么就不知道废物利用呢?"

刘兰撇撇嘴,眨了眨眼睛,说:"我就是因为懂得废物利用,才决定嫁给你。你放心好了,我是不会指望你一辈子的,明天就让你看看,我这个废物比你这个废物更抢手。"

本来恼火的程江,被刘兰的话给逗笑了。

又过了一段时间,程江与刘兰因为小事又吵架了,刘兰气得暴跳如雷,说道:"这根本就不像一个家,谁还能在这里待下去?"于是就拉起自己的一个皮箱,转身就要夺门而出。

她刚跨出门去,程江就大声喊道:"等一等,我们两个一起走。我也不能在这样的家里待下去了!"

刘兰不由得扑哧一笑,然后就放下了箱子,夫妻间的矛盾瞬间消融。

刘兰和程江都能用俏皮话来缓和彼此之间的矛盾,让内心的烦恼和痛苦霍然冰消,让生活从阴云密布变得晴空万里,让僵硬的面容绽放出开心的笑容,是不是让那些表情凝重的夫妻深感羡慕呢?

恋人或夫妻之间,需要俏皮话来维持良好的关系,俏皮话幽默风趣,就像是一剂润滑剂,两人之间处久了之后,就像机器的零件一样,必然会出现这样或那样的磨损,平时能够多说一些俏皮话,就是给生活涂抹上润滑油，可以让僵持的生活变得圆润起来，又继续和谐健康地相处下去。想掌握这一点，首先就要求能够放下自己的架子，随时都有让对方释怀开心的准备，不要害怕对方不肯善罢甘休，也不要怕自己丢失了面子。另外要培养自己的幽默感，注意多观察，多向他人学习。

下面具体介绍一些常用的俏皮话，你可以在日常生活中加以运用。

1. 女的说："你给我滚。"男的说："我比较笨，没有学会，你可以教教我。"女的说："过来，把屁股给我撅起来，我教你。"男的说："你先示范一下。"

2. 女的说："你去死吧，我这辈子再也不想见到你了。"男的说："我死是没有问题，问题是我怎么忍心将你一个人孤零零地留在人间。"

3. 女的说："你这个人烦不烦？"男的说："知我者，谓我心忧，不知我者，谓我何求；悠悠苍天，此何人哉？"

将你的"建议"裹在"疼爱"中

在现实生活中，许多夫妻在一起生活久了，彼此间说话、做事就会变得随便。比如一方总会摆出一副咄咄逼人的架势，对另一方颐指气使，这会让被压制的那一方心里极为不舒服，所以也不会按照对方的"命令"行事。有时候即便是听了对方的话，心中也会对其产生诸多的不满。所以，在婚姻生活中，男女都应该明白，两人的关系是平等的，对于自己的男人或女人，千万不要以命令的方式去让他们做出改变。你不妨将你的"建议"夹裹在"疼爱"中，这样才能让他（她）心服口服。

有一位男子邀请了几位朋友到家中来做客，男子不停地抽着烟。他的妻子便轻轻地打开了窗户，没有一句抱怨之语。有一位朋友就悄悄地问他的妻子说:"你怎么不阻止他抽烟呢?抽烟对身体有害的啊!"

妻子听罢,笑了一笑,说道:"对他来说,抽烟是极为快乐的,如果他能活到 100 岁,我宁愿他只活到 80 岁,而不愿意他不快乐地多活 20 年。"

这话就被那位男人知道了,他便毫不犹豫地戒掉了烟。周围的朋友问他为何这么快就戒掉了烟,他说道:"我有这么好的老婆,我为什么要选择少活 20 年呢!"

这是女人管教男人的一种智慧:"疼"他会让对方体会到甜蜜的感动和舒心的理解与宽容!它是一种平等的相处,一种自然情感的延续,它需要相互间的理解与尊重。

从心理学的角度分析,在爱情或婚姻中,施予"爱"是征服人心最有力的"武器",对你的男人或女人施予爱,会在无形之中降服他的内心。感情是心灵沟通的最好桥梁,充满感情的"建议"犹如和风细雨,润物无声,能让对方在无形之中认可你的观点,顺从你的劝导。

其实,在情场上,真正聪明的恋人或夫妻,从来不会用强制的方式去改造另一方,这种方式不仅劳心劳力,而且还不讨好。他们都懂得,对方会因为爱选择与自己在一起,会因为爱走进婚姻,但这并不代表对方愿意在爱的约束下丧失自己的一片天空。在婚恋中,伴侣更希望能获得一种默契、理解和宽容,而非批评、指责和约束。如果自己经常让爱人在家中无法获得自如愉悦的感觉,那么,其家庭的吸引力就会逐渐地丧失,对方也会渐渐地对你产生反感甚至厌恶!

聪明的恋人或夫妻,都会以尊重和疼爱自己的伴侣为原则,在对方舒舒服服愿意接受的情况下,才说出自己的意见或者提出自己的建议。

琳达和丈夫结婚十年,依然甜甜蜜蜜。丈夫每次回家都会给她一个大大的拥抱;吃饭时也会主动给她夹菜;去外地出差,总会给她带几件心爱的礼物……

这让周围的姐妹都羡慕不已,都说琳达有福气,嫁了个如此体贴的好老公,而且还再三向她盘问夫妻间的"幸福秘诀"。

琳达说自己并没有什么秘诀可以传授,只是在生活中很注意"疼"老公并注意给他留面子。在她卧室的墙上贴有这样一个字条,上面是她制定的"家规":第一,历史证明老公永远正确,家里的一切都由他做主;第二,万一老公不对,仍参照第一条执行。

后来,老公在感动之余,又在"家规"上加了这样一条:夫人享有总裁决权。

聪明的伴侣都懂得,要想得到爱,先得学会给对方施予爱。要知道,人人都有叛逆心理,如果一味地强加制止,只会引来不必要的争端和吵闹。与其这样,不如先对他(她)施予爱,让他(她)在自愿接纳自己的情况下,再改变他(她)。

强制性地"管"他(她),只会让他(她)口服而心不服,而"疼"他(她)则会让他(她)心服口服。真正聪明的伴侣会用理解和爱去经营和守卫自己的幸福,让双方都生活在比较自由和宽容的环境中,用彼此能够接受的方式去让对方懂得:我需要你,但是我会更努力地让你需要我,这才是我存在的价值;如果你不再需要我,我会找到一个地方放置我自己,绝不强制对方去做什么或者履行什么。

有技巧地"吃醋",增强彼此的感情

在恋爱或婚姻中,两人在一起时间久了,爱情的敏感度就会下降。这个时候,就需要运用一点生活小技巧去给平淡的生活增添一些情趣,以增强彼此间的感情。比如适当地有技巧地"吃醋"。有人说，彼此都不懂"吃醋"的爱人，就像是拍下去弹不起来的皮球一样令人乏味，适时适量的"醋意"可以证明你对他的爱与重视，满足另一方"被爱"的心理欲求。要知道，在爱情中，每个人都希望爱人对自己能"情有独钟"，但出于自尊，他（她）会不好意思说出口，而你不动声色地"吃醋"，会让他（她）感觉到你心中只有他（她）。

当然了，爱人间要运用"吃醋"方法来调剂爱情，是需要掌握一定技巧的。

第一种，调侃的方式。不直接对他（她）生气，也不招惹"第三者"，而是通过间接的玩笑，向对象来表明自己吃醋的意思。

一位男士陪女朋友走进一座大商城，一个个全身制服，打扮得漂漂亮亮的服务员让男士目不暇接，走到一个柜台前，男士看到了一个非常漂亮的服务员，情不自禁地不停地偷看。

女朋友看到之后，心平气静地说："你去和她打声招呼吧？"

男士疑惑地问道："跟谁打招呼？"

"就跟那个漂亮的女服务员，她不是你的朋友吗？"

"不是。"

"哦，我还以为她是你的同学或者朋友呢，刚才看你总是看她呢。"

听到这里，男士就不好意思地笑了，用手指刮了刮女友的鼻子，显得格外的亲密。

这个调侃方式，就采用了主客换位的方法，先是让男士摸不着头脑，然后再让他恍然大悟，并且心生歉意，既充满了喜剧效果，又不缺乏批评和教育意义，是一种非常得体的调侃方式。

第二种，恶作剧的方式。不直接对对象生气，但是进行让人意想不到的恶作剧，让人获得深刻的思想教育。

一位女士陪自己男朋友上电梯，没有想到里面居然有一个穿着时髦、光彩照人的女郎，男士看了一眼顿时就有点痴迷了。男士一边乘电梯，一边偷偷地看。

由于彼此在一起，女士也不好说什么，但是内心却已经是一肚子火，用手去拍打男友，男友都浑然不觉，于是女士就以迅雷不及掩耳之势，偷偷捏了一下漂亮女郎的屁股。

于是女郎立刻就一巴掌打了过来，厉声说道："告诉你，不要随便捏女人。"

男士大吃一惊，虽然觉得自己看她不礼貌，但是自己却没有捏她啊，于是解释说："我没有捏你啊！我真的没有捏……"

这时候，他见女友在一旁不说话，于是就渐渐明白是怎么回事了。等到出了电梯，女友哈哈大笑起来："我知道你没有捏，不过……我捏了她。"说着就挽起男友的手向前走去。

于是，男士只好摇摇头，跟着她走去。

这个女士的恶作剧，的确让人有点哭笑不得，实际上是在提醒自己的男朋友要对自己一心一意，把心放到自己身上，而不要东看西望，表明了自己对于男朋友的重视，聪明的男性一般都会领悟到女朋友对自己的深爱，从而心生喜悦之情。不过这只适用于一个比较私密的场合，要是在大庭广众之下就不适宜了，否则就很难让自己男友做人了。

使用吃醋的技巧，需要注意以下几点：

1. 一定要记住，吃醋一定要把握一个度，只能偶尔来一次，频率千万不能太高，否则就可能弄巧成拙。

2. 一定要照顾到对象的面子，不能毫无顾忌地在任何场合进行随意的调侃和恶作剧，让对象在众人面前丢面子。

3. 调侃或者恶作剧之后，要对对象进行补偿，比如给对方一个吻，或者说一些甜言蜜语，清楚地表明你是爱他（她）才这么做的。

拒绝也要讲方法：不伤人感情的拒绝技巧

虽然能被人爱是一件极幸福的事，但如果你实在对一个人没有兴趣，而对方则对你表现出爱意时，就要学会拒绝。面对一个爱你的人，如果直接拒绝，一定会伤到对方的自尊心。所以，在拒绝时一定要讲求方法和方式，做到既达到拒绝的目的，又不伤人感情。

玛丽亚天生丽质，学业优秀，这样的她迎来了诸多的异性追求者。但是，她却一个也看不上，于是便写信一一地予以回绝了。遭到拒绝之后的一些男士，多多少少有些难为情，有些甚至还对玛丽亚产生了嫉恨之心，处处与她作对，这让玛丽亚很是苦恼。

终于有一天，玛丽亚再也按捺不住了，于是把苦恼告诉了好朋友鲍勃。

鲍勃听完之后，笑道："这些苦恼完全来自你拒绝人家的方式不对，大家都是同学，人家喜欢你，而你却不喜欢对方，要拒绝你可以采取一些委婉的方式，可别伤人自尊。"

玛丽亚听完之后，赞同地点了点头。

又到了周末，当鲍勃去玛丽亚家里时，正好看到玛丽亚正将一张张废弃的电影票往信封里装，鲍勃不解地问："你装这些电影票干吗啊？"

玛丽亚得意地说："你不是提醒我要学会委婉吗？现在我拒绝那些人都不再写信直接告诉他们了，而是寄一张废弃的电影票过去。"

鲍勃疑惑地问："你寄废电影票干吗？"

玛丽亚指着鲍勃的鼻子，笑道："你真是笨，废电影票还能有戏吗？

我给他寄一种没戏的电影票，不就是告诉他我已经拒绝他了吗？"

于是，鲍勃会心地笑了道："对，你真聪明。"说完两人就笑成一团。

果然，从此以后，那些被玛丽亚拒绝的男生也不再让她感到苦恼了，反而与他们的关系变得自然与和谐。

玛丽亚一开始拒绝同学的求爱，表现得太过直接，结果给自己带来了诸多的苦恼和麻烦，但是改用委婉的拒绝方式之后，她与那些被拒者之间的关系变得和谐了。由此可见，委婉的拒绝技巧在人际交往中有多么重要。

从心理学的角度分析，维护自尊心是人的一种心理需求。而直接拒绝的方式，就是伤人自尊的做法，伤人自尊就等于伤害了彼此间的感情，所以，在任何的社会交际中，包括爱人之间的相处，善待和维护他人的自尊心，是维护两人融洽关系的基础。懂得了这一点，你在拒绝他人的求爱时，就需要运用委婉的方式，在维护他人自尊的基础上，巧妙地回绝。

小马喜欢小芳很久了，可是一直就是没有敢向她表白。有一天，小马鼓起了勇气，约小芳一起出去看电影。但是小芳对小马没有丝毫的感觉，于是就说："真对不起，我这段时间正在进修，每天都有课，晚上都要忙到十点以后。进修完之后还要考英语等级考试，的确是没有时间去看电影。你可以找刘伟啊，他不是喜欢跟你谈论电影吗？"

小马听了，知道小芳的意思，于是只好放弃了。

无论你怎么忙，一场电影也就两个小时而已，如果是有心于小马的话，怎么也可以腾出两个小时。为了让小马明白自己的意思，所以小芳没有表现出半点与他一起看电影的想法，拒绝之意就不言而喻了。对于一个真正喜欢自己的人，而自己又真正的不喜欢对方，就不要给人以希望，而是要果断地表达拒绝。

有的人虚荣心强，遇到自己不喜欢的人，既不答应别人，也不拒绝别人，这个时候逢场作戏，把别人当作自己取乐的对象，这样既是对人家不负责任，也是对自己不负责任。更有的人拒绝别人之后，还要伤害别人，比如喜欢向别人展示他写给自己的情书，或者常常于人前说某某喜欢自己，但自己对他根本就不屑一顾，这样不但会给别人带来麻烦，也会给自己带来隐患。这两种做法都不可取，都是伤人自尊、害人害己的做法。

总而言之，很多人都会遇到自己不爱的人，这个时候一定要果断地进行委婉的拒绝，如此对人对己都有好处。

当然了，要想拒绝的效果达到最好，还需要做到以下几点：

1. 表示对人家的感谢。其实，每一个爱你的人，都值得你感谢，尤其是那些默默无闻地为你付出或者是光明正大地为你付出的人，他们都值得你说声感谢。

2. 要对他们表示安慰。无论什么样的人，只要被自己喜欢的人拒绝，内心都会感到伤痛，如果能够给予一定的安慰，会减轻他们内心的痛楚，这样别人就会觉得你非常善良，即便不再喜欢你，也对你存有一份好的印象。

第八章
把握主动，社交场上必用到的心理学定理

要想在社交中占据和把握主动权，就必须要懂得一些最基本的心理学定理。其实，无论在怎样的社交场合，我们每个人的行为举止都被心理学定理所左右，而不懂这些交际定理的人只会被这些心理学定理所支配，而明白它们的人则可以根据其原理去借力而行。

不可否认，很多心理学定理是诸多心理学家经过大量的实验和辛勤地研究总结出来的，是人类智慧的结晶，是指导人类行为的法宝。无数的事实证明，在职场、商场、朋友圈、家庭生活等场合，懂一点社交中常用的心理学定理会使我们的交际活动变得畅快自如、如鱼得水。

飞去来器效应：强行的说服，只会适得其反

在 20 世纪二三十年代，美国社会曾经流行过一种叫作"枪弹论"的论断，意思是只要掌握了恰当的说服技巧，就可以把说服对象当成一个个固定的标靶，只要瞄准他们，就能百发百中。事实证明，这种论断是极为荒谬可笑的，在现实生活中也是行不通的。因为每个人都是有思想、有情感的鲜活个体，而不是什么被动的"枪靶"，假如有人对自己"开枪射弹"，即使回避不及，也会运用心灵盾牌把子弹挡回去，谁会任由别人摆布呢？

在日常交际中，如果你以征服的目的向说服对象"掷武器"，那么不但收不到良好的效果，还可能遭遇"飞去来器效应"。"飞去来器"是澳洲原住民狩猎时使用的工具，猎手看到猎物就将其猛抛出去，如果没有击中，武器便像被施过魔法一般会自动飞回来。后来人们把这一现象引申到心理学领域，比喻在说服的过程中，发言者的言论被说服者挡回去的情况。假如把语言当成利器，无论是枪弹也好，飞去来器也好，其杀伤力并不等于说服力。很多时候，你的强行说服，只会起到相反的作用。

每个好为人师的人都希望自己一开口，别人就信服，以为善用语言的利器就能说服任何人。事实却证明，他们想错了。因为"飞去来器效应"的存在，别人随时都可以向你竖起心灵盾牌，把你那些富有杀伤力的话统统挡回去。你越是想说服别人，别人越是不服，非但如此，还会把那副防御盾牌加厚加固，让你的语言利器统统失灵。有句格言说得好："不要给别人盐和忠告，除非对方向你要。"由于成长背景和人生阅历不

同，人们的观念、想法各不相同，这是非常正常的事情，不要试图说服所有人，否则就会引起众人强烈的抵触情绪，使自己陷入孤立的境地。

著名艺术家米开朗琪罗是欧洲文艺复兴时期的三杰之一，他集画家、建筑家、诗人、雕塑家等各种身份于一身，留下了许多不朽的艺术精品，其中最为伟大的雕塑作品之一便是人们所熟知的大卫像。但当米开朗琪罗刚刚着手雕刻大卫像时，主事的官员竟对这一惊世之作感到不满意。米开朗琪罗也察觉出了对方的不满情绪，便直接开口问道："请问您觉得有什么地方不妥吗？"

那位官员张口就说："大卫的鼻子太大了！"米开朗琪罗仔细看了看雕像，然后说："鼻子是有点大，我马上修改。"说完他就爬上了高高的架子，拿起工具认真地修改起来，从雕像上散落了很多大理石粉尘，底下的官员急忙躲避。

过了一会儿，米开朗琪罗修改完了，从容地从架子上走下来，对那位官员说："您看，现在怎么样？"官员审视了一下雕像，高兴地说："你改得好极了！"官员离开后，米开朗琪罗赶紧去洗手，原来刚才他不过是偷拿了一小块大理石和一小把石灰粉迷惑官员罢了，自始至终，他根本就没有对大卫雕像做出任何改动。

人与人之间的交际和沟通，最大的忌讳就是摆出一副权威的架子，试图说服和教育别人，那样的高姿态很容易引起别人的反感。不要总试图证明自己是对的、别人是错的，也不要强行向别人灌输自己的主张和观点，人的感受是复杂的，不可能机械地、被动地接受你的说教，对于外界信息，每个人都有一定的选择性，在对方认可你之前，不要忙着推销自己的观点，而要学会充分满足对方的心理需求，以平等的姿态与对方进行讨论和沟通。

莱德勒是《芝加哥太阳时报》最出色的专栏作家，由她拟写的《忠告专栏》在世界各地都有广泛的读者群，据说每天都有7000万读者认真地阅读她的忠告。自《忠告专栏》开辟以来，莱德勒收到的信件多达8.38万封，根据来信，她又写下了无数篇忠告。

莱德勒所写的忠告涵盖的范围非常广，大到国家大事、世界大事，小到家庭琐事、私人生活，各种题材无所不包。按常理说，人们平素最讨厌有人板起面孔对自己进行说教，那么为什么还有那么多人心甘情愿地接受莱德勒的忠告呢？面对这个问题，莱德勒是这样回答的，她说："我成功说服别人的秘诀就是——从来不试着说服他们。"

不以说教的态度说服别人，通过分享体验的方式与他人进行友好的沟通，就是让别人认同自己的最好方法。"飞去来器效应"告诉我们，强行让别人赞同自己，只会起到相反的效果，只有放弃说教，耐心地和对方交谈，我们才能赢得对方的尊重和敬服。

另外，"飞去来器效应"还给我们这样的社交启示：

1. 如果你企图赢得他人的信任，请先摆正自己的位置。无论你的社会地位有多高，你内心有多么的不可一世，也不要在他人面前表现出一副高高在上的姿态，只有将自己放在与对方同等的位置上时，才能获得信任性沟通。

2. 要获得他人信任，首先要懂得去尊重对方，包括尊重对方的人格、观念、举止行为等，当然，这里的尊重指的是承认和赞同。

自我暴露定律：敞开心扉，更容易赢得友谊

我们身边常围绕着这样一种人，他们活泼健谈，表面看来似乎人缘不错，但知心朋友却很少。提起他们，所有的人都有同一种感觉，那就

是他们从来没有用"心"和别人交流过，不肯对任何人敞开心扉，神神秘秘让人琢磨不透，与之相处，任何时候都有一种熟悉的陌生感。

为什么有人在社交圈里会被看成熟悉的陌生人呢？究其原因主要在于，他们把自己隐藏得太深，面对不同的人会戴上不同的面具，从来就没有敞开心扉，向人展示自己最真实的一面。这种人也只能成为泛泛之交，谁愿意把他们当成知心朋友呢？正所谓人贵在相知，相识不相知，又哪里有深交的必要呢？要想缩短和别人的距离，必须打开心门，敢于坦率地表达自己，适度地表露自己的真实感情。一味地自我封闭，不肯让别人走进自己内心的世界，是不可能获得对方的信任的。这种为了确立和他人的亲密关系而自我暴露的表现，在心理学上被称之为"自我暴露定律"。

自我暴露定律告诉我们，要想结交知心好友，就不能对自己的情感和私事讳莫如深，虽然人人都有不想说出口的秘密，但是秘密太多，就会制造出一种难以接近的神秘感，偶尔真情流露一次，放心地向别人吐露一个小秘密，能迅速地拉近和别人的距离，还有可能赢得足以珍视一生的友谊。

萧红是民国时期的才女，她与聂绀弩是一对无话不谈的好朋友，她曾对聂绀弩给予了极大的信任，曾多次向他袒露心扉。

有一次他们一起探讨文学和人生。聂绀弩说萧红是个不折不扣的才女，应该学做《镜花缘》人。萧红说她并不是《镜花缘》人，而是《红楼梦》里那个喜欢作诗的痴丫头，梦里也在作诗写文章。简单几句话概括了自己对文学的热爱和执着。

两人还谈到了对鲁迅作品的看法，萧红说鲁迅的小说格调比较低沉，里面的人物多体现出人性的劣根性即动物性，他们不自觉地在挣扎受罪。但杂文就不一样，杂文格调高昂，让鲁迅瞬间变成了一名战士和勇士。

接着他们谈到了《生死场》,聂绀弩说萧红塑写的东西,鲁迅不曾写过。她不曾塑造个体英雄,但却塑造了集体英雄,不过小说也有缺点,那就是人物个性不够鲜明。

萧红曾坦率地对聂绀弩讲起了对萧军的复杂感情,她直言不讳地说自己至今深爱着萧军,他们曾经同甘苦共患难,这份真情是不会变的。但做萧军的妻子实在是一件痛苦的事,他脾气太大,在感情上又不忠诚,她已经忍受不下去了。言下之意,她早已下定决心和萧军分手了。萧红离开萧军以后,和端木走到了一起。起初聂绀弩认为他们两个并不合适,不赞同两人往来。但是当端木和萧军因为萧红而剑拔弩张时,端木首先想到的就是找聂绀弩帮忙,可见在端木眼里,聂绀弩也是最值得信赖的人。

自我暴露是要分场合看对象的,一般而言,两人关系密切、互相信赖时,会不由自主地进行适度的自我暴露,共同分享一些隐秘的私事及个人的感情经历。对于交情尚浅的人,不要轻易将自己的隐私和盘托出,因为不了解你的人很容易对你产生误解。

是暴露自己还是保留隐私,要具体情况具体分析。无论如何,把自己层层包裹,不让任何人看清自己都是不可取的。我们应根据交情的深浅有选择地对部分人敞开心扉,对于知心朋友更应该推心置腹。没有人喜欢隐蔽太深的人,唯有摘掉面具,向别人展示真实的自我,你才能赢得别人的好感和信任感,别人才愿意主动和你亲近。总之,在恰当的时机、恰当的场合,选择合适的对象,进行适度的自我暴露,有助于使两个人的感情迅速升温,也有助于催生出牢不可破的坚固友谊。

"自我暴露定律"给我们以这样的社交启示:

1. 无论在任何社交场合,展示出我的"真心"是赢得真情和人心的关键。如果你总是隐藏自己,会给人一种"城府深"的感觉,从而会渐渐对你敬而远之。

2. 交朋友不在于数量，而在于质量，只维持表面关系是没有意义的。如果你很擅长社交，在任何场合都能如鱼得水，却找不到一个讲真心话的人，那么就要自己反省了，最大的原因可能就在于你不肯向别人暴露自己真实的一面。放下顾虑，适度地向对方暴露自己，一切的问题都将迎刃而解。

示弱效应：真正的社交能手更懂得示弱

在这个竞争无比激烈的社会，"物竞天择，适者生存"已经成了最有说服力的法则，人们推崇强者，渴望强大，所以总是用冰冷厚实的铠甲将自己层层包裹，把自己脆弱、敏感、柔软的一面彻底隐藏起来，以一种刚硬不屈的强人姿态出现在各种场合。久而久之，自己也会被欺骗，以为自己真的就是无坚不摧的斗士，而不是一个有情绪、有情感的普通人。

其实生活不是行军打仗，你不需要把自己武装到牙齿。总摆出一副强悍无比、凛然不可侵犯的样子，无形中就把人与人之间的距离拉大了。在社交场合上，那些真正的"强者"，即所谓的社交高手，从不会刻意装高冷，而是会把自己温暖、柔软的一面展现出来，时而以"示弱"的方式袒露真实的自我。

示弱不是装无辜、扮可怜，而是一种真诚待人的表现。每个人都有柔软、温情的一面，也都有脆弱的一刻，适当地真情流露一番，会让人感觉更加真实可信。这就是心理学上的"示弱效应"。事实上，有弱点的人才具有亲和力，无懈可击的人只会让人觉得冰冷和难以接近。学会示弱，让别人看到自己的不完美，才能成功拉近彼此之间的距离。

在无助的时候不要一个人苦撑，主动向别人发出求救信号，不但无损于你的形象，还能让别人获得更多的存在感。很多时候，人们是喜欢被麻烦和被需要的，因为被需要本身就是一种幸福，而且在助人的过程中自己也能感受到更多的快乐。不要总是摆出一副"我不需要任何人"的样子，因为那样别人会觉得没有必要出现在你身旁，毕竟谁也不愿扮演多余的角色，长此以往，你很快就会变成孤家寡人。要知道太完美的人是不存在的，每个人都有力不从心的时候，适当地暴露出一些小弱点，让别人知道自己也有无可奈何的时候，比一味地伪装强大更有助于赢得人心。

美国著名心理学家纳特·史坦芬格曾设计出这样一套测试程序帮助企业筛选人才：他要四名求职者边用小型煮炉烹煮牛奶，边进行自我介绍的录音。第一位求职者声称自己学习成绩优异，社交能力极佳，最后刻意强调自己煮牛奶煮得非常不错。第二位求职者说自己在校时表现出色，而且参加了很多社会实践活动，学习能力和社会实践能力是没问题的，不过牛奶煮得不好，煮牛奶时出现了一个小插曲，他不小心碰倒了煮炉，牛奶也煮焦了。第三位求职者说自己学业糟糕，实践能力欠缺，不过牛奶煮得非常好。第四位求职者说自己学业差劲，也不擅长组织活动，而且牛奶煮得也非常差劲。

纳特·史坦芬格认为这四位求职者代表的是四种类型的人：第一类是完美主义者，各方面都很优秀，几乎让人看不到缺点；第二类很优秀，但略有瑕疵；第三类有缺陷也有专长；第四类一无所长。也许很多人以为第一类人最后会胜出，而实际上第二类人才是受人欣赏的。完美的人在现实生活中是不存在的，处处示强，表现得面面俱美，往往会被看作是华而不实和矫揉造作，而白璧微瑕的人，即使暴露出了一些小小的弱点也是可以被广泛接受的。毕竟真实的人是有弱点的，没有弱点的人不曾诚实地面对过自己，也不曾诚实地面对过别人，这样的人是不值得信赖的。

示弱不是把自己的软肋和硬伤全部毫无保留地展示给别人看，因为你没有必要那么做，别人也不会要求你那样做。示弱意味着尝试着信任别人，不去刻意伪装完美或者时刻以强者的形象自我标榜，而是努力尝试展现自己内在真诚和柔软的一面，主动敞开心扉，放心地和别人进行无障碍交流，以此来赢取别人的信任和好感。

其实，从心理学上分析，那些在社交场合总喜欢扮演强者的人，内心往往是软弱的，而真正的强者从来不需要通过强悍的外表证明自己的强大。一个人如果内心真的是强大的，还用刻意粉饰强大吗？所以从某种意义上说，敢于示弱才是强者的表现，能够示弱说明你不怕撕破完美的伪装，不再在乎那些毫无意义的面子工程，能够做到这一点，说明你已经很强大了。

当然了，这里讲的"示弱"并不单单指向他人坦露真实的自我，主要是要向人展示出你的亲和力来。要展露出"亲和力"，你还可以从以下几点出发：

1. 说无伤大雅的囧事和冷笑话，氛围好了，自然就放松警惕聊起来，人与人之间的距离也就拉近了。

2. 要想拉近人与人之间的距离，可以创造"相似"，比如你可以陪爱音乐者一起去现场听音乐会，陪爱茶者一起去品茶聊天。若是为了讨好对方，那么就可以对"症"送一些小礼物，附带专业点评一番，对方便会觉得你们是相似的，具有共同喜好，从而更愿意与你相处。

互悦机制：要想让人喜欢你，首先去喜欢别人

我们常常有这样的体验：自己喜欢的人，往往也喜欢自己，两个人知道彼此的心意后，往往会互相喜欢得更深。这就是心理学上的"互悦机制"。所谓的"两情相悦""相看两不厌"都是互悦机制在起作用。那么我们为什么会喜欢上喜爱自己的人呢？喜爱我们的人为什么又恰巧是我们敬爱的人呢？难道世间真有一种神秘的力量能让两个互相喜欢的人不约而同地走到一起？从科学角度来说，当然不是。

事实上，人的感觉是互通的。假如有一个人欣赏你、喜欢你，就算没有直接用言语表达出来，也会通过眼神、动作、表情等将那些信息传达出来，和这样的人相处，你会自然而然地感到愉快，毕竟所有的人都期待得到他人的赏识和认可，当这个人站到你面前时，你便会觉得此人彬彬有礼、分外亲切，然后会不由自主地喜欢上对方。换作别人也是同样的道理，如果你主动向他人传达出友好的善意，表达出对对方的赞赏和喜爱，对方也会不知不觉地喜欢上你。从这个角度来说，人与人之间的喜欢未必是同步的，但是"喜欢"这种感觉是可以互相传染的，你喜欢别人，别人就会喜欢你。所以要想赢得别人的喜欢，你首先要让自己喜欢上别人，这就是人际交往的基本法则。

有位花匠被法官雇来美化庄园，法官向他提出了许多建议。花匠连连点头，非常佩服地说："法官先生，您懂得可真不少啊。看来您不但博学，还很有生活情趣啊。我特别喜欢您家那条漂亮的狗，据说它在家犬大奖赛中表现出色，赢得了不少蓝彩带。"法官听到这样的赞美，高兴极了，他开心地说："是啊，养狗确实很有意思，你想参观一下我家的狗舍

吗?"花匠欣然同意。

法官用了一个小时带着花匠参观狗舍,并向他讲述狗儿们在各种大赛中赢得的奖项。随后他问花匠:"你有孩子吗?"花匠说:"有。"法官又说:"他想养一只小狗吗?"花匠说:"当然想啦,他很喜欢小动物,如果能有一只小狗,他一定会很开心的。""那我送给你一只小狗吧。"法官慷慨地说道。接着他耐心地解释了喂养小狗的方法,由于担心花匠会记不住,便热心地把这些建议写在纸上了。

法官花了将近一个半小时的时间和花匠交谈,还赠给了他一条价值100美元的小狗作为礼物,两人分别时已然成为朋友。显然,这位法官很喜欢那名花匠,这是因为花匠真诚地喜欢他,对于他的爱好以及他的生活真心地感兴趣,两个彼此欣赏的人就这样由原来的陌生人成了可以亲切交谈的朋友。

既然互悦机制在人际交往中如此奏效,那么我们如何率先传达出友爱的信息,让别人知道我们喜欢他或她呢?当然我们不可以直接告诉对方:我很喜欢你。因为那样做太直接、太冒失了。最恰当的方式莫过于真诚地欣赏对方身上的优点,言辞之间流露出对对方的钦佩和赞美之情。需要注意的是,赞美一定要发自真心,千万不能给人留下虚伪的印象。

互悦机制告诉我们,爱人者人恒爱之,敬人者人恒敬之。你以友善的方式对待别人,别人也会回馈给你同样的友善。你真诚地欣赏和关心别人,别人也会用同样的态度对待你。喜欢是相互的,友好也是相互的。聪明的人从不强求别人喜欢自己,而会先让自己喜欢上别人,设法满足他人的心理需要,以此赢得别人的好感,换来真挚的友谊。

每个人都渴望自己被喜欢,但喜欢与被喜欢都不是单向的,而是一种双向互动的机制,喜欢别人和被他人喜欢互为因果。想要成为一个受欢迎的人,首先要学会表达对别人的喜欢,当你学会恰当地释放善意的信息时，别人也会以善意的方式对待你。

多看效应：见面长，不如"常见面"

谈过恋爱的人都知道，两个人在一起久了就难免会"日久生情"。不论是对人还是对物，我们接触得越多就会越喜欢。这种现象，心理学上称之为"多看效应"。所谓的"多看效应"，就是指我们因为接触的次数频繁，最终导致产生心理偏好的一种心理过程。在生活中，如果我们能够掌握"多看效应"的规律，那么就可以让自己成为一个受欢迎的人。

所谓的交际就是将陌生人变成朋友的过程。在这个过程中，我们可以通过我们的微笑、眼神、声音和肢体语言来给对方留下良好的第一印象。但是，真正让我们与陌生人成为朋友的却是"多看效应"。

"多看效应"是著名心理学家查荣茨的研究结果。他曾做过这样一个实验：他向参加实验的人出示一些人的照片，但是每张照片出现在人们眼前的次数并不相同。有些照片出现了二十几次，有的出现十几次，而有的则只出现了一两次。之后，查荣茨博士请看照片的人评价他们对照片中每个人的喜爱程度。结果发现，参加实验的人看到某张照片的次数越多，他们对照片中的人也就越喜欢。人们更喜欢那些看过二十几次的熟悉照片，而不是只看过几次的新照片。这样的实验结果证明了"多看效应"的原理：一个人与另一个人的见面次数会增加彼此喜欢的程度。

之后，心理学家又做了另一个实验来验证"多看效应"，实验的内容是：他们在一所大学的女生宿舍楼里随机找了几个寝室，并发给寝室里的女生不同口味的饮料。然后要求这几个寝室的女生，可以以品尝饮料为理由，在这些寝室间互相走动，但是有一个要求，就是彼此在见面时不能够进行交谈。

一段时间之后，心理学家通过调查每个女生的感觉来评估她们之间熟悉和喜欢的程度。实验结果表明：女生们见面的次数越多，她们相互喜欢的程度越大。虽然彼此之间都没有经过语言的交流，但是常见面却让陌生人变成了朋友。

当然，"多看效应"发挥作用还需要一个前提，那就是你给人的第一印象还不差。否则，与人见面的次数越多，反而越易引起对方的讨厌。女人对于死缠烂打的追求者无比厌恶，就是这个原因。

有个商人利用自己的业余时间为一些国内的知名作家牵线搭桥，通过自己的商业关系把他们的作品卖到了海外。其实，这位商人跟这些作家并不认识，但是他经常参加一些作家们的沙龙、集会。而很多海外的出版商也经常慕名而来，请他帮忙联系一些国内的作家。

有一次，越南的一个出版商找到这位商人，说明自己要购买沈阳一个知名作家的作品。得到这个消息的时候，这个商人正在北京开会。为了不让越南的出版商失望，他给一个出版界的同行、一个文化媒体的朋友分别发了短信，这两个人在沈阳颇有人脉。一会儿工夫，两个人都回复了短信，商人得到了他要找的作家的联系方式。同时，朋友还嘱咐他，这位作家现在正在北京开会，过两天就回沈阳了。商人当晚就跟这位作家取得了联系，结果发现彼此竟然在同一个会场开会，中间休息时见过几面。而且在之前的一些会议上也都见过面，说着说着，彼此似乎成了十分熟悉的朋友。最终，商人帮助作家将其若干部作品的著作权卖到越南。

这位商人朋友总结自己成功的经验说："在如今这缺少交往的年代，我之所以能够赢得大多数作家的信任，跟我经常在文艺界抛头露面不无关系。我经常参加各种各样的会议，经常跟行业内的作家进行交流，还经常在有关媒体上发个小文章。露面次数多了，认识我的人就多了，了解我的人也多了。所以，有的作家虽然与我未曾谋面，可是他对我已经知道不少，我们交流起来也就顺利多了。"

所以，如果你想改善自己的人缘，不妨多在朋友之间走动一下，即使只是参加一些聚会，露个脸，经常与人聊天，拉拉家常，带点小礼物。在这些细节中，就无形中提高了自己的交际能力，也获得了朋友们的好感。

"多看效应"固然可以让我们在与陌生人的交际中如虎添翼，但是需要注意的是，"多看效应"并非是一把万能钥匙，它发挥作用的前提是"首因效应"要好，也就是我们给人留下的第一印象不是很差。如果我们给别人留下的第一印象就很差，那么见面越多反而会越惹人讨厌，这时候再坚持"多看效应"就会得不偿失了。所以，一切的前提，还是要认清自己，将与陌生人交际的法则融会贯通，如此在交际中才能得心应手。

日常中，如果我们想要在交际中把陌生人变成熟悉的朋友，那么就要留心提高自己在别人面前的熟悉度，这样可以增加别人喜欢自己的程度。所以，我们说与其跟不熟悉的朋友一次聊很长时间，倒不如每次见面时间短一点，见面次数多一点，这样反而能够取得更好的效果。而对于一个自我封闭的人来说，由于很少与人接触，尤其害怕和陌生人打交道，所以他们也就很难赢得陌生人的好感了。

视网膜效应：懂得欣赏自己的人，才能欣赏别人

生活中有一种奇怪的现象：你越是关注什么，它越是铺天盖地地朝你涌来，甚至铺满大街小巷。比如你刚买了一件款式独特的衣服，走到

街上却发现有很多人跟自己撞衫，仿佛这款衣服一夜间变成了都市的流行套装。再比如你买了一辆墨绿色的轿车，以为自己的品位很独特，毕竟红色、白色、黑色才是私家车里常见的颜色，正当你为自己与众不同的选择而窃喜时，忽然发现无论是在开阔的高速公路上，还是在狭窄的街巷里，到处都能看见墨绿色的轿车，似乎一瞬间墨绿色成为轿车中的大众色了。这种现象就是心理学上的"视网膜效应"。

在人际交往中，视网膜效应指的是一个人只有懂得欣赏自己，能在自己身上看到闪光点，才能在别人身上看到类似的美好品质。一个看不到自己优点的人，在视网膜效应的影响下，就不可能看到他人的可取之处，你若是笃定地认为自己满身缺点、一无是处，会惊奇地发现自己身上的毛病，别人一样也不少，那么世上就没有人值得你交往了。你以这样的眼光看待自己和他人，就会成为吹毛求疵的讨厌鬼，人人都将对你避而远之。要想赢得好人缘，成为社交场合最受欢迎的人，首先要学会欣赏和肯定自己，因为只有做到这点，你才能由衷地欣赏和赞美别人。而懂得欣赏他人，运用积极的眼光看待世界，往往是建立良好人际关系最为重要的条件。

查尔斯·舒尔茨小时候是个毫不出众的小男孩，他功课不好，几乎门门功课都亮红灯，也不擅长体育运动，在整个学生时代，都没踢过一脚好球。他一直默默无闻，没有人格外关注他，同学也没有发现他有什么特别之处，他也认为自己没有什么值得称道的优点，但是他却一如既往地坚持画画，他坚信自己画得不错，即使没有人真正欣赏过他的作品，他也没有太过灰心。在高中学年的最后一年，他鼓足勇气把自己的绘画作品交给了学校的编辑，希望自己的大作能被发表，但是遭到了拒绝。

高中毕业以后，查尔斯·舒尔茨把自己的画作寄给了迪士尼工作室，又一次遭到了拒绝。除了画画之外，他不知道自己还擅长什么，所以除了继续坚持他别无选择。带着复杂的情绪，他开始用画笔为自己写自传，创造出了一个叫查理·布朗的卡通形象。查理·布朗是一个无比笨拙的小男孩，他学业一塌糊涂，每次放风筝都飞不起来，每次上场都踢不到球。

查理·布朗就是这么一个惹人发笑又教人伤感的倒霉角色，但他也并非一无是处，他最大的优点就是身上有股坚持到底的精神。其朋友莱纳斯说："就算天气突变，忽然下起了雨，他还是会像往常一样打球，他从来就不知道什么叫作放弃。他还有一个难得的优点，那便是只要是朋友要求的事，他都会竭尽所能办到。"显然查理·布朗身上的优点就是创作者本人的优点，查尔斯·舒尔兹对自己有着十分清醒的认识，正是凭借着这种认识，他成功创作了查理·布朗的漫画形象，并凭借这一经典形象两度荣获漫画家最高荣誉奖"鲁宾奖"，成了名扬四海的漫画大师。

是的，我们当中的绝大多数人都是平凡之辈，因为不出众，我们常常会忽略自己身上独特的优点，却总对自己的缺点耿耿于怀。其实每个平淡的生命都有不凡的一面，每个人都是一座没有被开发的宝藏，只要你肯用心挖掘，定然会大有收获。卡耐基说，每个人的特质中优点和长处大约占80%，缺点仅占20%。所以我们有足够的理由自我欣赏，哪怕是孤芳自赏也比自卑要好得多。任何事物都有两面性，比如断壁残垣，在普通人眼里不过是废墟而已，在考古学家眼里，却是价值连城的古迹，在艺术家和文学家眼里，则是残缺美的典范。人也一样，即便你在别人眼里平平无奇，没有什么可夸耀之处，但是当你换一种眼光审视自己，也能在自己身上发现一种独特的美。带着同样的眼光去观察别人，你会发现人人都是那么可爱可亲，一时间似乎人人都是可交的朋友。

视网膜效应给我们以这样的社交启示：

1. 自信是我们赢得社交成功的基础。因为足够的自信，可以让你的内心充满力量，可以款款与人交谈，保持微笑，让人备感亲切，也让人感到你周身所散发的能量，让人产生尊敬感，让人不由自主地想亲近。

2. 要建立强大的自信力，就要善于发现自己的优点。自小，我们常被教育要正视自己的缺点和不足，以"三省吾身"的态度不断完善自我。但视网膜效应告诉我们，我们不该把过多的注意力集中到自己的缺点上，而要尝试着发掘自己的优点，这样才能在社交过程中不断发现别人的长处和优点，从而构建起良好的人际关系。

互惠关系定律：善待别人，你也会获得别人的善待

"给予就会被给予，剥夺就会被剥夺。信任就会被信任，怀疑就会被怀疑。爱就会被爱，恨就会被恨。"这就是心理学上的互惠关系定律。在社交场上，它指的就是我们平常所说的："你希望别人怎样对待你，就先怎样对待别人。"人际关系就如同回声一样，你对别人友善，别人也会对你报之以友善。你在帮助了别人的同时，其实也是帮助了自己。

我们常说对待朋友要将心比心，急别人之所急，想别人之所想，在朋友最需要的时候要雪中送炭，在朋友身处危难时要鼎力相助，这样一旦自己出现了相同的情况，必将得到朋友的倾力支持，这种情况遵循的就是互惠原则。做人不能太自私，如果一个人只想好处占尽，不愿对任何人付出，那么就什么也得不到。人与人之间的信任和友谊是建立在互动的基础上的，你以什么样的态度对待别人，别人就会以什么样的态度反馈给你。这个世界是公平的，真诚的善意是不会被辜负的，善良地对待别人，你一定也会被善待。

查尔斯是纽约一家银行的雇员，上级让他写一份关于收购另一家银

行的报告,这项工作属于商业机密,他不能对外声张,所以能为他提供帮助的人几乎寥寥无几。经过观察,查尔斯在同事中找到了能够帮助自己的人,那就是以前在那家银行工作过几十年的威廉。

当查尔斯想要找威廉帮忙时,威廉正在给儿子打电话,他十分抱歉地说:"我实在没有什么好邮票给你了,过段时间我再多带给你一些邮票好不好?"一听就知道他的儿子是个集邮爱好者。威廉放下电话后,查尔斯直截了当地说明了来意,由于威廉对以前效力的公司很有感情,所以不想透露太多的内部信息,所以回答问题时显得闪烁其词、含糊不清。

查尔斯非常着急,一时不知怎么办才好。忽然,他想起了刚才的那通电话,威廉放下电话时表情十分歉疚,显然这位贴心的父亲不想让自己的儿子失望,可惜手头上确实没有邮票了。想到这里,查尔斯便主动说:"看来你儿子非常喜欢邮票。我有个在航空公司任职的朋友,他收集了不少世界各地的邮票,也许能帮上忙。"

第二天一大早,查尔斯就把邮票递到了威廉面前,威廉一边抚弄邮票一边高兴地说:"我儿子一定会喜欢的。"随后查尔斯和威廉谈论起了邮票,他绝口不提银行的事情。一个小时过后,威廉主动地把自己知道的相关资料说了出来,还给以前的同事打了一通电话询问这家银行的具体情况。查尔斯得到了翔实准确的数据和可靠的资料,顺利完成了收购该家银行的可行性报告。

爱默生说:"人生最美丽的补偿之一,就是人们真诚地帮助别人之后,同时也帮助了自己。"是的,有时助人为乐,自己也会成为最大的受益者。查尔斯之所以能得到威廉的鼎力相助,主要是因为他主动帮助威廉找到了急需的邮票,就是这样的举手之劳,让他获得了意外的收获。很多时候我们抱怨人情冷漠、世态炎凉,觉得人际关系太过复杂,造成这种局面的原因很多,但最为重要的原因很有可能是我们为自己考虑得太多，为别人考虑得太少，平时很少帮助别人，等到自己急需帮助时才"临时抱佛脚"求人，自然会被拒之门外。假如平时我们就能为别人做一些力所能及的事，真心对待身边的人，那么等到我们自己深陷困境时，别人自然也会鼎力相助。

其实，互惠关系定律，也给了我们这样的社交启示：帮助别人最重要的是要舍得给予，你在给予别人的同时，自己也会有所收获。表面看来你为别人付出了感情、精力、财物，牺牲了部分个人利益，而实际上你得到的要远远多于你失去的。因为真正的友谊是无价的，它是不能用金钱和利益来衡量的。你收获了友谊，结交了肝胆相照的朋友，一生都会受益。朋友不但会在关键时刻对你伸出援手，还将照亮你的人生道路，从这点来看，你的收获要远远大于付出。

登门槛效应：先"得寸"，再"进尺"

在社交场中，你若开口就提一个较大的要求很有可能被断然拒绝，为了避免被一口回绝，你可以尝试着先提一些微不足道的要求，征得对方同意后，再一步步提出更高的要求，这样就比较容易达成目的了。这是为什么呢？从心理学角度讲，这主要是心理学上的"登门槛效应"在起作用。

"登门槛效应"又叫得寸进尺效应，指的是一个人如果答应了别人的一个小要求，为了给人留下前后一致的印象，很有可能会答应他更大的请求。这个过程就像是一级一级地登台阶，所以被形象地称为"登门槛效应"。

在销售领域，许多推销员都是善于运用登门槛效应的高手，他们上门推销不会直接要求顾客购买商品,而是会趁对方把门关上之前,努力把一只脚伸进门缝中,只要不吃闭门羹,得到了和对方对话的机会,就能步步为营地实现推销的目的。很多商家也经常运用登门槛效应谋利,他们会把商品或服务的初始价格定得很低,然后以各种理由一点点加价。在日常生活中,登门槛效应也是普遍存在的。比如一名男子对一个美丽的女孩一见倾心,如果一开始就要求对方嫁给自己肯定是会被拒绝的,但是若只是要求对方和自己喝喝咖啡或者一起到户外散散步,多半都能得到肯定的答复。再比如你想向朋友借10000元钱还债,多半会被当场拒绝,若是改变策略,每次只借1000元的生活费,一般情况下,朋友都会慷慨相助的。登门槛效应告诉我们,如果想让别人接受自己的要求,不妨先提有些简单而相似的小要求,最好让别人感到那些不过是举手之劳,对方若是答应了,再慢慢提出更大的要求,这样做成功的概率就会提高很多。

《伊索寓言》中有这样一则故事:在一个冷风嗖嗖的雨夜,有个衣衫褴褛的乞丐到一户富贵人家乞讨。吝啬的仆人不想施舍给他人东西,就毫不客气地赶他走。乞丐说:"我的衣服湿透了,冷得受不了,可不可以让我在你们的火炉上把衣服烤干?"仆人想:他没有索要什么东西,烤烤火又不会让自己损失什么,于是就改变了态度,把乞丐带到了厨房的火炉旁。乞丐将衣服烤干以后,对厨娘说:"我能借用一下这口锅吗?我想煮点石头汤喝。"

厨娘好奇地问:"什么?石头汤?我倒要看看你是怎么用石头做成一锅汤的。"乞丐不慌不忙地把一块块石头放进了锅里,煞有介事地煮了起来。接着他随口说:"煮汤总得放点盐吧。"厨娘毫不犹豫地把盐递给了他。乞丐采用同样的方法,很自然地向厨娘索要了豌豆、香菜、薄荷、碎肉末等食材。最后汤煮好了,乞丐把锅里的石头全部捞出,开始美美地享受肉汤了。

　　一般情况下，人们很难接受较高较难的要求或违反个人意愿的请求，但是普遍乐于承诺轻而易举就能办到的事情，因为对于那样小的请求实在找不到拒绝的理由，出于礼貌只好答应了。面对第二次请求时，假如应承下来不会给自己带来较大损失的话，通常会自然而然地答应对方。因为他们不想给人留下反复无常的坏印象，且抱有"既然已经帮他一次了，再帮一次又何妨"的心态，这时登门槛效应就开始发挥作用了。

　　在说服别人的过程中，如果你学会了怎样运用登门槛效应，往往会更容易达成目的。当你向对方提出的若干个差距不大且都是成本较低的小要求时，可以直接请求对方。但是若是你提的要求过高，直接开口，必然遭到对方强烈的反对，这时不妨采用"登门槛"技术逐渐缩小目标差距，这样做往往能收到奇效。

留面子效应："以退为进"更奏效

　　美国心理学家曾经做过这样一项实验：他要求20名大学生在一家少管所当两年义务辅导员，由于这项工作耗时耗力，大学生们听到之后就断然拒绝了。接着他提出了另一个要求，请求大学生带领少年前往动物园痛快地玩一次，结果一半的人不假思索地答应了。而当他向另一些大学生直接提出同样的要求时，约83.3%的人一口回绝了他，仅有16.7%的人答应了他的请求。

　　第一组大学生在拒绝了第一个要求后，马上答应了另外一个较小的要求，这是因为当人第一次拒绝别人时，觉得这种做法损害了自己乐于助人的形象，内心多少有些不安，为了让自己表现得富有同情心，弥补之前的过失,他们便欣然地答应了第二个要求。这就是留面子效应。

　　留面子效应和登门槛效应截然相反,它是指先提一个较高的要求,在遭到别人拒绝以后,退而求其次,再提出一个相对较低的要求,这样别人就更乐于接受了。心理学家指出,人们在斩钉截铁地拒绝了别人的某个要求以后,通常会因为未能帮助别人而感到分外歉疚,甚至会认为自己辜负了别人的期望,其良好形象也因此大打折扣。为了挽回自己的面子,也给别人留足面子,就会自觉做出妥协让步,毫不犹豫地接受第二个请求。由于大部分人都很爱面子,且都在乎自己的个人形象,所以留面子效应这种以退为进的策略在多数人身上都是奏效的。

　　有两家规模大小差不多的粥店,每天光顾小店喝粥的顾客数量也差不多,但是盈利情况却不一样,左边的粥店每日都比右边的粥店多赚两三百块钱。两家粥店的经营方式并没有太大区别,唯一的差别就是当客人走进右边粥店时,服务员会马上提供一碗粥,然后问道:"加不加蛋?"有的客人说加蛋,有的客人说不加,两种情况各占一半。客人走进左边的粥店,服务员也会立即呈上一碗热粥,不过关于加蛋的说辞却不一样,她通常会问:"加两个鸡蛋还是一个鸡蛋?"爱吃鸡蛋的客人要求加两个,不爱吃鸡蛋的客人要求加一个,只有少量客人要求一个鸡蛋也不加。到了晚上打烊时,左边的粥店总是能卖出更多的鸡蛋,收入当然就更可观了。

　　心理学家认为,在向别人提出真正的要求前,先提一个较大的要求,被拒绝后再说出自己真正的要求,这样对方欣然应允的可能性便会大为增加。左边的粥店服务员问顾客"是加两个鸡蛋还是一个鸡蛋?"其中"两个鸡蛋"就是更大的要求,如果客人不想加两个鸡蛋,往往会选择加一个鸡蛋,直接拒绝加鸡蛋的人非常少见。运用留面子效应,可以很容易实现愿望,让他人心甘情愿地接受自己的要求。在某些特殊时刻,巧妙掌握留面子效应的原理,还能有效安抚别人的情绪。

据说有架客机在即将到达目的地时,乘务员忽然对全体乘客说:"因为机场太过拥挤,我们的飞机无法正常降落,初步预计飞机着陆的时间要推迟一个小时。"旅客们听到这个消息,忍不住大声抱怨起来,毕竟一个小时对于大多数人来说都太漫长太难熬了。谁知刚过了几分钟,乘务员便宣布道:"再过半小时,飞机就能降落了。"旅客们长长地舒了一口气,心情轻松了不少。五分钟过后,乘务员又说:"客机现在就要降落了。"虽然飞机着陆的时间晚了十多分钟,旅客们还是感到很高兴。

在飞机推迟着陆时,如果乘务员直接要求旅客耐心等待,一定会引发大家的不满,所以她并没有那样做,而是采用了一个比较巧妙的策略:她先提出让大家等待一个小时,把最糟糕的情况公布出去。在机舱里怨声连天,谁都没有耐心等待的时候,她又抛出了另一个要求,让大家等半个小时,由于时间缩短了一半,旅客们很容易就接受了这个请求。显然善加利用留面子效应,可以使沟通和交流更加顺畅,多数情况下,都能起到事半功倍的效果。

当然了,"留面子效应"并不是在任何情况下都适用的,它能否发挥效用关键要看你提的要求是否合情合理,以及你和对方交情如何。如果两个人只是萍水相逢,你却要求对方去做有可能损害其基本利益的事情,那么即使运用了留面子效应,也不可能达成目的。我们要善加利用留面子效应,但不能滥用心理学知识,尤其不能利用人性的弱点去做一些有违道义的事情,这是最起码的做人准则。

海格力斯效应:"以德报怨"总好过"冤冤相报"

在希腊流传着一则发人深省的寓言故事,讲述的是有个叫海格力斯的大力士,一天他在山路上行走,看到有个鼓鼓的袋子模样的东西横在路中间,他嫌它难看,又怪它挡住了自己的道路,便狠狠地朝那东西踩了一脚。谁知那东西居然竟迅速膨胀起来,而且越变越大。海格力斯又惊又气,操起一根碗口粗的大棒便朝那怪东西砸了下去,怎料那东西成倍地变大,最后竟把路封死了。海格力斯正因为无计可施而苦闷,这时恰好有位圣者路过,他给了海格力斯一个忠告:"朋友,你别再动它了,忽略它,忘记它吧。它叫仇恨袋,你不侵犯它,它就像你初见时那样小,你要是总记着它、冒犯它,它就会马上膨胀起来,和你对抗到底。"

仇恨就像海格力斯在路上遇到的那个古怪的袋子,起初它是很小的,假如你能宽大为怀、选择忘却,那么任何人都不会受到伤害;但是如果你选择了记恨和报复,那么仇恨便会成倍地膨胀,直至你无法收场。在社交场上,也有这么一种情况:两个人有了纷争,如果你想打击报复对方,对方便会对你怀恨在心,想方设法地找机会报复你;如果你不依不饶,不肯善罢甘休,对方便会变本加厉地报复你。你越是释放敌意,别人越是痛恨你,两个人在仇恨的推动下,很有可能鱼死网破、两败俱伤,这种现象就是"海格力斯效应"。

俗话说得好:冤冤相报何时了。以怨报怨是解决矛盾和纠纷最差劲的一种方式,它很容易让我们陷入"以牙还牙,以眼还眼"的恶性循环,导致玉石俱焚。与其如此,还不如大度一点,包容和原谅对方的过失,主动和别人冰释前嫌,把敌人变成朋友。这样对双方都是有好处的。

卡尔是一个专门从事砖块生意的商人,由于生意兴隆,遭到了竞争对手的妒忌,那名对手到处传播谣言,诋毁他的信誉,还贬低其砖块的品质。人们信以为真,不再向卡尔购买砖块,公司损失了很多订单,卡尔非常愤怒。

星期天早上，卡尔去教堂做礼拜，听牧师宣讲如何施恩于那些为难过自己的人，怎样和别人化敌为友。卡尔很赞同牧师的说法，觉得他说的句句都是金玉良言，不过要把这样的观点运用到现实生活中，卡尔觉得自己真是做不到。他的竞争对手实在太卑鄙了，所作所为真是让人难以原谅。这样的人难道也能成为自己的朋友吗？

到了下午，卡尔还在思考牧师的话，正在他感到矛盾的时候，忽然听说弗吉尼亚州有个客户正在建造办公楼，需要的砖型恰好是竞争对手售卖的那种。由于自己公司不生产那种砖，他没办法接下那单生意，不过他可以把生意转给竞争对手，以此证明牧师的话是错误的。他想以竞争对手的品行，即使受了别人恩惠也不会知道感恩，搞不好他还在琢磨使用什么更卑劣的伎俩呢。

这样一想，卡尔便迅速拨通了竞争对手的电话，把弗吉尼亚州的那笔生意介绍给了他。没想到竞争对手竟对他十分感激，并且感到万分羞愧。后来，竞争对手再也没有散布过不利于卡尔的谣言，还主动把自己做不了的生意转给卡尔做。此后，卡尔的生意越来越好，他没有想到的是，感化了一个敌人，他真的多了一个朋友。

以德报怨是化敌为友最好的方式，只要你能做到得饶人处且饶人，用宽仁代替仇恨，那么必然能收获善果。世上没有永远的敌人，也没有解不开的仇恨，只有一颗不肯原谅的心。宽恕别人，其实也是宽恕自己，冤冤相报只会制造更多的痛苦。与其让仇恨啃噬内心，还不如放下一切，主动化干戈为玉帛，与敌人"相逢一笑泯恩仇"。这样做既卸下了自己的心理负担，又给了别人一次改正的机会，何乐而不为呢？

"海格力斯效应"给我们这样的社交启示：包容、忍让并不是懦弱，而是一种大智大勇，一个真正的智者绝不会被仇恨蒙蔽，更不会奉行"以其人之道还治其人之身"的法则，一个真正的勇者也不会狭隘到睚眦必报。做人要有海纳百川的度量，最起码要能容人之失、能容人之过，就算对方做了让你痛恨至极的事情，若是已有悔意，你也没有权利剥夺他洗心革面的机会。尝试着学会原谅吧，无论任何时候，以德报怨都好过冤冤相报。